JN183932

悲しむ力

深く悲しまない人間は幸せになれない

大越俊夫

GENTOSHA

まえがき

人間というのは、つくづく「悲しみ多き存在」だなあ、と思います。

人間誰しも、できることなら「悲しみ」などと無縁でありたいと思いますよね。しかし、ほとんどの場合、それは叶わぬ願い。それどころか、生きるのが辛《つら》くなるような「悲しみ」を、人生の道連《づ》れにしなくてはならないこともあります。

私はもともと英米文学を勉強し、大学で教える道を歩んでいました。しかし、四十年前、思うところがあり、不登校生を対象にした、師友《しゆう》塾という私塾をつくって、以来のべ七千人にも上《のぼ》る悩める若者やその親御さんたちの、しばしば命に関わるような「悲しみ」につきあってきました。

そして世間から見たら、落ちこぼれの弱々しい人間にしか見えなかった若者たちが、ある瞬間、この「悲しみ」から力強く立ち直り、普通の人より素晴らしい能力や人間力を発揮するようになる姿を、数限りなく見てきました。

そうした事例は、いままで何冊かの著書でもご紹介してきました。しかし、彼らが別人のように変わるその瞬間、そのきっかけというのはいったい何でしょう。立ち直れる人と、そうでない人の違いは何でしょう。この問いに対する私なりの答えが、ここに来て急に見えてきたような気がするのです。

それは、彼らが人一倍強く抱えてきた悲しみや苦しみを、避けたり無視しようとしたりすることをやめ、ありのままの悲しみや苦しみを、とことん悲しみ、苦しむことを自ら引き受ける力、約《つづ》めれば「悲しむ力」または「苦しむ力」があるかないか、であると気づいたのです。

「悲しむのに力なんか必要ないのでは?」「悲しいときは、もうどうしようもなく悲しくなってしまうだけじゃないんですか?」などとも言われそうです。しかし、ことはそう簡単ではありません。本文でも詳しく述べますが、しばらく前から現代人の間に、悲しいときに十分悲しめない「悲嘆《ひたん》の欠如」という現象が目立つようになってきたのです。

そうした心の現象をたくさん見てきて、人にはやはり悲しいときには十分悲しむだけの「悲しむ力」が不可欠であり、それがないとその悲しい状況からの脱出が、うまくいかない。このことに気づいたのです。

さらにこの気づきを、確信に近いものに高めてくれたのが、最近の精神医学界で注目されている「レジリアンス」（Resilience）という考え方です。

「レジリアンス」とは、もともとは理工系の用語で、「跳《は》ね返す力」「復元力」「回復力」「耐久力」などと訳されてきました。これが、医学・生物学の分野にも取り入れられ、「逆境に耐えて強くなる力」といった意味で使われるようになりました。

たしかに自然界でも、麦踏みで踏みつけられた麦の苗《なえ》は丈夫に育つなど、この「レジリアンス」的な現象はよく見られます。人間の生き方についても、私は逆境にある子どもたちや親御さんに、「貧乏にまさる教師なし」などとくり返し言ってきました。

また、「我に七難八苦を与え賜え」や「艱難汝《かんなんなんじ》を玉にす」など、歴史上の人物の言葉やことわざにも、この考え方はよく出てきます。

これらには、いずれも「逆境」が人間を強くする「レジリアンス」の考え方があり、それは「逆境力」と言っていいものだと思います。

もっとも新しい話題では、二〇一四年のノーベル物理学賞を受賞した青色発光ダイオードの発明・開発者たちは、実験装置の故障や、長期間の装置不足といった「逆境」の中で、かえって自前の新しい発想を得て、成功にたどり着いていています。

まとめて言えば、私がこのところ気づいていた「悲しむ力」「苦しむ力」の必要性は、この「レジリアンス」の考え方とまさにぴったりと通じあうものです。「悲しむ力」を「レジリアンス」によって補強することで、多くの悲しい状況、苦しい状況にある人々に、再生の勇気を与えられるのではないかと思うのです。

例えば私の経験では、次のようにカテゴライズされた「辛い」「避けたい」「見たくない」「この場を逃げたい」といった、さまざまな悲しい状況にある「とき」、またはそんな状況にある「人」、そんなときや人に、この「悲しむ力」と「レジリアンス」の考え方は、格好の指針になってくれるはずです。

・家族や恋人など、愛する人を失ったとき。
(親が子を失ったときは、子が親を失ったときより数倍辛い)
・自分が急病や事故で不遇になったとき。
・恵まれない家庭に生まれ育った子。
・多重人格障害や性同一性障害(生別違和)の人。
・うつ、統合失調症やPTSD(心的外傷後ストレス障害 Post Traumatic Stress Disorder)などの精神障害の人。
・親が精神障害の子。

・職場や家庭の環境悪化で窮地に追いやられている人。
・ゲーム脳や携帯依存症、ドラッグ、薬物等で悩む人。
・爆弾・テロ・疫病の恐怖におびえる人。
・父がドイツ人、母が日本人など、ハーフという状況にある人。
・一家離散、事業破綻などの苦境にある人。
・父母が実父・実母でないなどのことで悩む人。
・不登校、引きこもりで悩む親子。

まだまだいっぱいあるでしょう。こうして見ると、私のところに来ている不登校や引きこもりの子どもなど、末席に控え、まだまだ「悲しみ」や「逆境」の序の口です。

世の多くの悲しい人、苦しい人へ。この本を参考に、心の底から悲しみましょう、体いっぱい苦しみましょう。そうすれば、じわじわと「悲しむ力」がついて、「レジリアンス」（逆境力）が発揮されるはずですから……。

平成二十六年十月

大越俊夫

悲しむ力

目次

二章　「悲しみ」や「涙」の持つありがたい力

三章　「悲しみ」が人を育てる「逆境力（レジリアンス）」という考え方

四章 私も「悲しみ」「苦しみ」の逆境に育てられた

五章　集団や組織も甦《よみがえ》る「逆境」の力

六章 「悲しみ」から逃げないで向かいあう「悲しむ力」

七章 「悲しむ力」の先には爽《さわ》やかな笑顔があります

装幀／石川直美（カメガイ デザイン オフィス）
DTP／美創
編集協力／㈱アイ・ティィ・コム

一章

「悲しむ力」がないと
人間、
幸せになれません

楽しければ笑う、悲しければ泣く、腹が立てば怒る、こんな単純なことができない人が増えています

最近、「悲しいときに悲しめない人」が増えているといいます。

人間、嬉しいときには笑うし、腹が立てば怒るでしょうし、同じように悲しいときは涙を流して泣くというのが当たり前でしょう。それができない、難しいというのはどういうことなのでしょうか。

そういえば、ずっと以前に、ある出版社から「叱《しか》り方」について本を書いてくれませんか、と頼まれたことがあります。

そのころ、会社の中で部下をうまく叱れない上司が増えていたのだそうです。上司として、いや社会人の年上の者としても、年下の新入社員が変なことをすれば「おい、ちょっと来い」と呼びつけて叱るというか、しつけるのは当たり前のことでしょう。

それができない年長者が急増しているというのです。

学校では、騒いでいる生徒を指導できない教師が増えていて、見て見ぬふりをするらし

い。これでは、クラスは成立しないし、成績が向上するどころではありませんよね。困ったことに、そんな腰抜けの教師に、ぴしゃっと教師たる者の姿勢を教える校長も、少なくなったといいます。

家庭の中でも、同じようなことが起きています。いわゆる「知らんぷり病」です。例えば、お父さんが子どもの素行に知らんぷりを装うのです。子どもが学校に行きづらくなって長く、家の中でごろごろしているのに、そんな子に母親が手を焼いているというのに、相談も受けているのに、なぜか父親は知らんぷりです。父は懸命なのに、母が知らんぷりという逆バージョンもあるらしいですね。

これでは、家庭が機能しているとはいえないでしょう。こんな状態を、かつて精神分析医の小此木《おこのぎ》啓吾《けいご》先生は「家庭のない家族」と表現されました。言い得て妙です。

それに比べ、単細胞の私なんかは、嬉しければ所かまわず大笑いするし、悲しければ所かまわず当人の悲しみまで取って大泣きします。

目の前で生徒がグズグズしていると、「なんとかせい」とぴしゃりと叱るので、それで、それを知った出版社の人が「叱り方」の本の依頼に来られたのでしょう。

でも、「叱り方」って改めて言われてみれば、難しいですね。いえいえ「叱り方」が難しいのではなくて、それを説明するのが難しいと言っているのです。

例えば、「まず叱る相手の眼をじっと見つめて三秒たったあと、おもむろに声を発する」なんて具合に「手順書」を書いてくださいということなのでしょうか。

そんなことを考えていないで、思ったように手足を使えばいいのでは、などと言いたくなりますが、まずいんですね、最近は「体罰」はダメですから……。

その点、現実の私には「手順書」も何もなく、しかも体罰にもならないやりかたがあるので楽です。というのは、私は軟式野球の監督もしているので、一発ガツンとやりたい子どもは、グラウンドに呼んで猛ノックをすればいいからです。

これは傍目《はため》にも体罰に映らないでしょう。それどころか、熱い想いの「熱血監督」に見えるかもしれませんね。まあ、これは野球部員に限られますが……。

言われてみれば、たしかに「叱れない人」には、「叱る」という行為は、案外と難しいことなのでしょう。

私が思うに、この「叱れない人」にも、二とおりの人がいるようです。

一つは、「叱りたい」と思うのが当然の場面で、とにかく「叱りたい」という感情は湧き起こっているのですが、いろいろと考えてしまって叱れない、そういう人がいます。

もう一つは、もともと「叱りたい」と思うのが当然な場面で、「叱りたい」という感情が、心の中に湧き起こっていないと思われる人です。そうした感情が起きないなら、そもそも「叱る」も「叱れない」もないわけです。

前のケースの人は、感情と行動が一致しないというケースで、こういう人はいままでもよくいました。けれども後の人のように、「叱りたい」と思うのが当然の場面で、「叱りたい」という感情が出てこない、「叱りたい」と思わない、まさに「知らんぷり病」です。

悲しくて当然の場面で、悲しめない、嬉しいはずの状況で喜べない、そんな不思議なことがあるというのも、この「叱れない」と同じように、心の中に抑えようもなく湧き上がってくるはずのものがないから、そうなっているのでしょう。

楽しければ笑う、悲しければ泣く、腹が立てば怒る、そんな単純なことができないなんて、何か変です。どこか不自然です。自分でも知らないうちに無理をしているのかもしれません。

この不自然さ、無理は、人間にとってけっして望ましいものではないでしょう。そのうち「何か変」なだけでなく、おそらく人間として生きるうえでの、重大な損失を生み出してしまいそうです。

叱るのが当然の場面で
「叱りたい」と思わない
「知らんぷり病」は、
人間として重大な損失です。

悲しんでいっぱい涙を流せば、
そのあとは内側からエネルギーが湧き出てきます。

「悲嘆の欠如」が、さらに〝悲嘆的〟状況を呼んでしまいます

「悲しむこと」に関して、以前にこんなことがありました。

私が四十年前につくった不登校生のための学校、師友塾に、無表情な母親と、これまた沈みきったお嬢さんが訪ねてきました。この娘さんは、もう二年近くも中学校に通っていないというのです。

不登校になれば、誰だって暗くなりますが、この女の子の場合、もう一つ別のワケがありました。この子には姉がいたのですが、この姉のことを、勉強しないと言って、お母さんが思い切り暴力を振るっていたのです。

よほど腹が立ったのでしょう、姉を転《ころ》がし、その腹に馬乗りになって、泣きじゃくる姉の両頰《ほほ》を、両手でピシャピシャやったというのです。それを何度も何度も。

妹は、その光景を見て育ったのです。悪いことに、父親はそんなこと知らんぷりです。

この家庭の悪習慣が、この母娘の「無表情」と直結しているのです。

答えから先に言いましょう。この「無表情」の原因は、この家庭の中の「悲嘆の欠如」にあるのです。

「悲嘆の欠如」とは、読んで字のごとし「悲しみ嘆くことが欠如している」ということです。つまり、悲しいときは悲しまなくてはいけない、悲嘆を避けるとかえって、もっと大きな〝悲嘆的〟状況を呼んでしまうかもしれない、ということなのです。

妹さんが学校にも行かずに二年間も引きこもってしまった。このことは両親からすればびっくりでしょうし、悲しいことでしょう。姉の成績が十分でなかったので、そちらに気をとられていたとしても、よく考えれば妹さんの状況も放置できないことです。

いろいろと聞いてみると、この家庭、怒ることはあっても、どうも悲しむ、嘆くという情の動きのない家庭のようなのです。だから、とうとう無感動、無表情になってしまったのです。

くり返しますが、やはり人間は、悲しむときには悲しまないといけないということです。悲しんで、いっぱい涙を流せば、そのときは辛いでしょうが、そのあとは「ようし、もう一度頑張ってみるか」と内側からエネルギーが湧き出てきます。

教育現場にある者にとって、この「悲嘆の欠如」という概念は、すこぶるタメになりました。思い当たる親子が周囲にいっぱいいるからです。

「どうやって叱るか」「どのようにして悲しむのか」という方法論よりも、「悲しむときに悲しまない」ことのほうが、あとのツケが怖いのだということを知ることのほうが大切でしょう。

とにかく、悲しんで嘆くような出来事に遭遇したときは、悲しみに「知らんぷり」することはやめましょう。腹を決めて悲しみ嘆くことにしましょう。そのあとに、もっといいことが待っていると信じて、です。

「悲しい状況」を見ぬフリをしたお母さんに、娘は耐えられませんでした

「悲嘆の欠如」といえば、こんなこともありました。

十数年前のことです。テニス部の主将だった男の子の家が、この〝欠如病〟でした。この彼は、中学三年のときに師友塾に来ました。そのときすでに父親の家庭内暴力がもとで、精神科医からＰＴＳＤ（心的外傷後ストレス障害）の判断を下されていました。

父親の暴力がもとということは、父自身も承知していました。男の子は入塾してすぐにテニス部に入り、上手だったので翌年、主将になりました。じつは妹も引きこもっており、三年後にウチに来ました。

彼は大人しく、まったく父にさからいませんでした。母は、彼が父に暴力をふるわれていても、まったく知らんぷりで家事に励み、父と子の関係には背を向けていたようです。

彼は毎晩、父に受験勉強でしごかれ、妹はその様子を何年も、小さいころから見ていました。何年もただ黙って見ていたようですが、我慢できなくなった妹が父に反抗しはじめ、

自分を見失い家の中の割れ物を数十分で割りつくしました。あまりの狂気のさたで、母が彼女を精神科に連れていきました。

妹は、じつに聡明で可愛らしく申し分ない女性なのですが、この妹がなぜこんなに荒れるようになったのでしょうか。私見では、これこそが「悲嘆の欠如」だと思うのです。

母親は、しんどい事柄から目をそむけ、知らぬ態度をずっと通しつづけました。悲しみから目をそらし、その場を逃げ切ろうとしたのでしょう。

このつけが、妹に来たのです。やはり、現実を辛くても直視し、悩み、苦しみ、もがき、果ては悲しみ、泣きくれることが必要なのです。

「悲嘆の欠如」については、大切なことなので、後で詳しく述べます。

現実を辛くても直視し、悩み、
苦しみ、もがき、果ては悲しみ、
泣きくれることが必要だったのです。

悲しむときに悲しんでいれば、娘の自死という
最悪のことは避けられ、より幸せになっていたはずです。

「悲しみ」を避けると、かえって「悲しみ」が住みつくのです

じつは、二十三ページにあげた無表情のお母さんと、姉妹の実話には後日談があります。この姉妹の妹が、十年前に東京で自死してしまったのです。

実家は、四国地方でも有数の実業家です。そうした名門意識からか、母親の厳しいしつけの中で育ちました。すでにお話ししたように、姉は母親から成績不振を厳しくとがめられて、毎日のように体罰を受けていました。

それでも高校には通いつづけ、週末は師友塾の姉妹機関で、神戸・御影《みかげ》にあるＡＩＥ(国際教育アカデミー：Academy of International Education)の「英語専科」に通いながら高校を卒業しました。このＡＩＥというのは、三十四年前、〃日本がダメならアメリカで〃と思い立って、高校を不登校した子たちのために作った留学システムです。

〃送り出す留学から受け止める留学へ〃をモットーに、ロサンゼルスに拠点を置いてスタートし、いまはシアトルに本部を設けています。スタートして十四年後、その実績をつ

んだ英語教育のノウハウを国内で生かして、不登校生に限らない「英語専科」(英語塾)を、小・中・高生用に設けたのです。

彼女はその後、そのAIEを通じてアメリカの大学に留学しました。その姉のご縁で妹をあずかることになったのです。じつはその妹は、最初、アメリカの高校へ留学をしたいということで相談がありました。いまから考えれば、不登校からの逃げですが、ともかくシアトルの近郊の高校に入り、AIEの寮にいました。

しかし、やはり共同生活が難しいということで、幸いシアトルにある我が家(大越家)で、私の妻が面倒をみることにし、そのまま姉と同じ大学に入り無事卒業しました。

そして、本人の強い希望で神戸の師友塾のスタッフになりました。しかし、大人しくていい子なのですが、なぜか強度の物忘れで仕事になりません。さらに寂しがり屋が度を越し、職場の秩序が乱れるという声が上がって、やむなく親御さんに引き取ってもらいました。それから十年後、妹が東京で自死したとの報告を受けました。

しかしその報告というのが、同期生からの連絡で、親御さんはメンツなのか、これまた知らんぷりです。そこで、こちらからは、そのことには触れずに今日に至っています。すでに、ひと昔も前の出来事です。

この家族の人々も、悲しむときに悲しんでいれば、妹の自死という最悪のことは避けられ、それどころかより幸せになっていたはずです。そう思うと、私の当時の対応に落ち度はなかったかと悔やまれるのです。

あっちを見てもこっちを見ても悲しいことばかりの世の中です。そして、「悲しみを避けるから悲しみが住みつく」のですね。だからこそ、悲しみを避けずに、十分に悲しみに立ち向かえる力、「悲しむ力」の必要性をつくづく思います。

逆説的な言い方ですが、「悲しむ力」こそが人間を幸せにするのです。この考え方をもっと知っていただきたいと思います。人間、生まれてから死ぬまでに、避けようとしても避けられないのが、嘆き悲しむような出来事です。

そして、悲しみを積み重ねるのが人生のようなものですから、その悲しみを喜びに変える術を会得すれば、自死などしないで人生に喜びを得られるはずなのです。

私のこの七十年に及ぶ人生にあったいろんな苦しいことや辛いことも、この「悲しみ」の意味を知るために、神様が私にそれを知らせるためにあったのではないか。

そんなふうに思うと、なおさら自然に今回のテーマを、何とか読者の皆さんにお伝えしなくてはと、〝力〟が入ります。

「悲しむ力」について、やっと最近、関心が集まりはじめました

じつは、精神医学界で、この「悲嘆」に関する研究は、まだ系統的なものは十分になされていないようです。

「悲嘆の欠如」という風変わりな論文を、一九四〇年にフロイトの弟子であるヘレーネ・ドイチュが発表し、四年後に、アメリカの精神科医のエリック・リンデマン博士が「悲嘆に関する研究」という論文を書きました。

その論文によると、「感情を抱くことができず、人生に何の興味も覚えない」という状態の原因は、「喪《そう》の過程」を終えておらず、「悲嘆が欠如」しているからだ、ということです。

「喪の過程」とは、文字どおり喪に服す期間、つまり悲しみに浸る期間のことと思えばいいでしょう。この「喪の過程」の大切さを説いたのもドイチュなのです。

旧来の「悲しみ」に関する人々の認識は、悲嘆の過程をただ受け入れ、それに耐えなけ

ればいけないというものだったと言います。

一九八九年に、アメリカの二人の心理学者カミール・ウァートマンとロクサン・シルヴァーが「喪失の対処に関する誤解」という大胆な論文で、この旧来の「悲しみ」に対する認識への疑問を呈しました。

私たちはほとんど、日常では、生とか死とか、自分がどこから来てどこに行くのかとかの実存的な疑問を抱かずに生活しています。そして、人は各々に悲嘆に対して異なった反応をします。

しかし、共通して言えるのは、例えば「愛する人の死」は、私たちを一瞬にしろ、日ごろの日常的な浅い思慮の中から、一気に深い実存的な疑問に引き戻してくれます。

とくに親にとって子どもの死は、想像を絶する喪失であり、人間に深い人生体験を与えます。

「悲しみは人間関係をより深いものにしたり、人生の新たな意味をもたらす」のです。

私たちの身近な例でも、不登校なら不登校の悲しい現実を直視せず（子どもの死とは比べものになりませんが）、ごまかしているかぎり、いつまでたっても「喪の作業」を終えられず、親子で無表情、無感情になっていくのです。

冒頭で、いくつかの例を挙げたように、そういう親子が最近急増しているのです。

私が塾をつくった四十年前は、親が嘆いたり怒ったり、子どもも反発したりしましたが、最近はこの「喪の過程」が無視され、「悲しむ」作業をおろそかにしている親子が増えています。

つまり、くり返しますが、人間は、悲しむときは悲しまないといけないのです。

「感情を抱くことができず、人生に何の興味も覚えない」のは、「悲嘆の欠如」から。

「ピュア」な人ほど「悲嘆」が長いけれど、その分、夢や冒険へのチャレンジ心が湧きます。

素直に嘆き悲しむことができるのは「ピュア（純粋）な心」

悲しみ、嘆くという情動について、あれこれ思いをめぐらせていると、一つのことに気がつきました。「ピュア（純粋）な心」と「悲嘆」の動きは、深いところで直結しているのでは、ということです。

裏返せば「不純」で邪気に満ちた心の持ち主は、「嘆き悲しまない」のでは、ということです。

最近こんなことがありました。あるジャーナリズム関係の方から、私たちのプログラムに興味をもったので見学してみたいという申し出がありました。ということで、二〇一四年の夏、ＡＩＥの一ヵ月の北海道長期合宿はいかがですかと誘ってみたのです。

ご多忙の中、ベテラン男性がお二人、二泊三日で現地を見学されました。

アメリカの大学で学んでいる元不登校生たち約五十名と、「なぜ不登校したの？　元気になったきっかけは？」などと、長時間ディスカッションしたり、湖畔でいっしょに釣りをしたりなど、たっぷりともに時間を過ごしたのです。

するると、普通の人より洞察力が鋭い眼の肥えたジャーナリストのお二人が、期せずして同じことをおっしゃいました。

「この若者たち、みんな聡明な表情をしていますが、その聡明さがとてもピュアなのに驚きました」

この言葉に、もう一つついていました。

「彼ら、本当に引きこもりや不登校をしていたのですか？」

はいはい、この若者たち、正真正銘の〝落ちこぼれ〟だったのです。彼らの引きこもり年月は、平均二年、短くて半年、最長は七年。小学校の中ごろから四、五年、自宅待機していたというのはザラです。

情緒不安になって、クリニック（精神科）に出入りし、投薬を受けていた者がおよそ三分の一。普通に考えれば、笑ってなんかいられない状態です。こんな彼らに三十四年前から「アメリカの大学で学んでみないか」と声をかけ、ずーっと成果を上げてきたのです。考えてみれば大胆ですよね。

まあそれはそれとして、このように嘆き悲しみ、苦悩してきた若者のいまの姿を見て、この眼の肥えた大人をして「聡明」かつ「ピュア」と言わせしめたのですから、この子たち（といってももう立派な大人ですが）大したものです。

「ピュア」だからこそ、この邪念に満ちた世の中に不適応し、一時足を止めてしまったと考えられるでしょう。「ピュア」だからこそ、平穏を装う世俗に背を向けざるをえなかったとも言えるでしょう。

ピュアすぎるのも困るのですが、しかし一方、この「ピュア」な心があらばこそ、素直に「嘆き」「悲しむ」ことができたのではないでしょうか。

そして、「悲嘆」に長い時間、身も心も沈めてきたからこそ、以前にも増して夢や冒険に向かってチャレンジしようという気も育ったのでしょう。

そして、夢や希望に向かって驀進《ばくしん》しているからこそ、表情も快活かつ聡明になり、声もはずみ、物怖《ものお》じしなくなったのです。

つまり、見事な甦《よみがえ》りが生じたのです。簡単に言えば〝奇跡〟が起きたのです。私の語録の一つに「奇跡が起きなければ教育ではない」というのがあるのも、納得でしょう。

いずれにしろ、AIE生の内に「聡明」さと「ピュアな心」を見ていただいて大きな勇気を得ました。

純〈ピュア〉な人間ほど、グロテスクに見える社会でいいでしょうか

私がアメリカ文学に没頭していたころ、打ち込んだ一人の作家がいます。シャーウッド・アンダスン（一八七六～一九四一）で、その代表作が『ワインズバーグ・オハイオ』（Winesburg, Ohio）です。

当時のアメリカは、一八六〇年代から始まった西部開拓時代、映画『開拓／オー！パイオニア』に代表されるような、西部のロッキー山脈を越えていく「パイオニア・スピリット」の時代を過ぎ、いよいよ近代化の道まっしぐら、フォードの自動車で代表される一九二〇年代の話です。

アンダスンは、ヘミングウェイの師匠と言われていますが、さまざまな職業を転々とし、失跡事件を起こしたりと苦労を重ね、代表作も前記の一つしかありません。この作家との作品になぜか惹かれた私は、大学の卒論のテーマに、「ワインズバーグ・オハイオに見る〈グロテスク考〉」を選びました。

「人間は己の真理を持ち、それに従って生き、そしてグロテスクになる」が、主要テーマです。ついでに言えば、この一文から、私は私自身の処女作『独房論：青春残像』（探究社）を書きはじめました。

かつて平安後期から鎌倉時代の歌人・鴨長明《かものちょうめい》が『方丈記』の中で、

「世《よ》にしたがへ《え》ば、身《み》、くるし。したがはね《わ》ば、狂《きょう》せるに似《に》たり」

――中野孝次著『すらすら読める方丈記』講談社文庫

と詠った心境です。世間に背を向けながら生きるということは、刑務所の〝独房〟に入るほどの覚悟がいるということを訴えようとしたのです。

このテーマは、人間と社会の相剋《そうこく》です。「社会がゆがむと、純な人間ほどグロテスクに映る」というものです。私は当時もいまも、ずーっとこのテーマにこだわっています。

アンダスンのこの本は二十二の短篇からなり、その最初の一篇がそもそも「グロテスクなものについての書」という題名です。ある老作家が夢うつつに見る幻想の人の群れが、いままでに見知っている人のはずなのに、なぜか皆見たこともないようなグロテスクな姿で現れてくるというのです。あとの二十一篇は、そのグロテスクな人間の群れです。

そして彼らに共通するものは、たしかに皆ある種のグロテスクさによって、挫折したり人から遠ざけられたり、悲しい状況に陥ったりしていることなのです。

何のドラマ性もなく、何の変哲もない短篇の羅列《られつ》ですが、私が強烈に印象づけられたのが、ちょうど二十二篇の中ほどにあった「冒険」という題名の一篇です。

主人公である十六歳の少女アリス・ハインドマンは、恋仲になった相手が、この田舎町から大都会のクリーブランドに出て働くという前日の月の光る夜、二人で馬車を借りてドライブし、途中で肉体的にも結ばれます。

上気した彼は、「もう僕たちは離れないようにしなくてはいけない。どんなことがあっても」と情熱的に語り、必ず立派になって故郷に帰ってくると言って出ていきました。

クリーブランドで仕事を見つけられなかった彼は、シカゴに移ってしばらくの間、寂しさもあって毎日のようにアリスに手紙を書きました。しかし、次第に都会の生活に巻き込まれ、しかも下宿した家にいた女性に心を惹かれるようになります。

結果、ワインズバーグのアリスのことは忘れ気味になり、一年後には手紙も出さなくなってしまいました。しかし、彼女のほうは、彼が自分の元に帰ってくれないとはどうしても信じられず待っています。そして、二年、三年と孤独な歳月が過ぎ、さらに六年目を迎えて、彼女は働きに出ます。お金を貯めてシカゴに行き、彼に自分の姿を見せれば、彼の愛を取り戻せるのではないかと考えたのです。

彼女は、あの月の夜の出来事で彼を責めるつもりはありませんでした。しかし、もう自分は他の男とは結婚できない身であるような気がして、他の男を相手にしようとはしません。そして、彼女は自分に言い聞かせます。

「私はあの人の妻なのだから、あの人が帰ってきてくれようとくれまいと、妻として暮らしていればいいのだ」

そしてさらに時がたち、彼女はますます孤独と不安にさいなまれながら、夜、自分の部屋でひざまずいて祈り、彼に言いたいことをささやきます。部屋の中のものには無生物でも愛着を感じ、人に触れられるのを嫌いました。現実にはシカゴに行くこともできず、それを諦めた後も、貯金はきちんと続け、不可能な夢を描きます。

「あの人は昔から旅が好きだったから、お金を貯めておけば、結婚してからいっしょに世界中を旅行できる」

しかしまた月日がたち、勤め先の店番が暇なときなど、アリスはあの月の夜の彼の言葉を思い出し、カウンターに突っ伏して人知れず泣きました。

こんな彼女をいまの人はどう感じるでしょう。恐らく、「信じられない。なんてバカで、お人好しで、未練がましくて、うじうじした女なんだ」と言うのではないでしょうか。

おそらくその時代の周囲の人も、そういう態度で彼女に接したでしょう。

二十五歳になってさらに孤独は深まり、一度は自分に近づいた中年の男を受け入れようとしますが、「自分の望んでいるのはこの人ではない。単に一人だけでいすぎるのを避けるために会っていただけだ」と自分に言い聞かせます。

おそらく、この孤独は、彼女の外形や内面を、かつての日々からは大きく変形する作用を及ぼしたでしょう。その結果、彼女自身も思いもよらない大胆な「冒険」に、彼女を駆り立てたのです。

二十七歳になったある雨の夜、何かに突き動かされたかのように、裸で街を駆け抜けたいという狂おしい欲望に捉えられました。実際に衣服を脱ぎ捨て、街に飛び出していきます。そして、行きずりの男に声を掛けたのです。幸か不幸かその男は、うらぶれた耳の遠い老人で、彼女が何をしているのか気がつきませんでした。

ふと我に返った彼女は、自分のしようとしたことに怯《おび》え、震《ふる》えながらベッドに倒れ込んで身も世もなく泣いたのでした。

こうして、あのいじらしく純粋なアリスが、世間的に見ればどうしてと思われるほど、グロテスクな行動に奔《はし》る、グロテスクな存在になってしまったのです。

いや彼女の純粋な内面は、じつは少しも変わっていなかったでしょう。変わっていれば、こんな孤独と不安にさいなまれることもなかったはずです。もっと要領よく、気楽に人生を考えていれば、世間で言うグロテスクな存在にはならなかったでしょう。

「純（ピュア）なものほど奇異に映る」、時代と社会が生み出したこのジレンマを、アンダスンは冷めた目で描いています。

ただ作中、アリスの父親は馬具修理工場を営んでいたとあります。じつは作者アンダスンの父も馬具職人であったことを考え合わせると、このアリスは案外、アンダスンの身近な人がモデルになっていたのかもしれません。そして作者は深い愛情と共感を込めて、この一篇を書いたのかもしれないのです。

アンダスンは言います。「ひねこびたリンゴの甘みを知ってしまった人は、丸々とした新鮮なリンゴは口にしない」と。

世の中に適応しない人間がおかしいのか、それとも世の中のほうがおかしいのか。不適応する子たちを、私はずっとこの視点で受け止めてきました。その意味では、私の後の人生に決定的な影響を与えてくれたアンダスンだったのです。

苦しんだ人生のはての、このアンダスンの優しさに打たれました

こうして久しぶりにアンダスンのことを考えていたある日、いつも読んでいる日本経済新聞のコラム「春秋」（二〇一四年十一月四日朝刊）を見て、私は驚き入りました。日本人の中ではほとんど忘れ去られ、絶えて久しくマスコミに登場することもなかったアンダスンの名が出ているではありませんか。

記事は、アンダスンというアメリカの作家を知る人は多くないだろうと断ったうえで、彼について書かれたあるエッセイから、じつに印象的なエピソードを紹介しています。

エッセイの主は作家・山田稔《やまだみのる》さんとのことで、出典は記されていませんでしたが、調べてみると、編集工房ノアが発行しているPR誌「海鳴り26」に書かれた「あるアンダスン馬鹿〉のこと」という一篇でした。

もともと山田さん自身が、若いころ『ワインズバーグ・オハイオ』を読んで以来、アンダスンの魅力に取りつかれた一人だったようです。そしてアンダスンのことを、作品から

推して、「ふかく鬱屈をかかえこんだ狷介《けんかい》な人間だと思い込んでいた」らしい。

ところが、彼のこの想像は、ある出会いによって大きく覆されることになります。それが「春秋」の記事にも紹介されたエピソードなのです。

山田さんがこのエピソードを知ったのは、アンダスンの研究家・大橋吉之輔《おおはしきちのすけ》著『アンダスンと三人の日本人』（研究社出版、一九八四年）という本によってでした。

三人の〈アンダスン馬鹿〉の一人が、「春秋」の表現を借りれば、「著作権のなんたるかも定かではなかったころ」、アンダスンの作品を翻訳出版したいと申し入れます。

それに対してアンダスンの答えは、大橋著によれば次のようなものでした。

「私の作品が気に入ったので訳して下さろうということを聞いて嬉しく思います。（ほかの国々でも訳されていて）これらの国々では少なくとも多少の謝礼を払ってくれました。じつのところ、私の作品はアメリカの人々には余り人気がありませんので、私は貧乏人です。でも、そういうことが貴国の習慣でないなら、無理には申し上げませんが」

訳者は出版社に掛け合いますが、謝礼は出ません。お詫びの手紙を書くと、それに対してアンダスンは、「謝礼の問題はいい」と許してくれただけでなく、「今後何でも好きな作品を訳してくれ」という返事をくれたというのです。

さらに、また三人の一人がアンダスンに原稿を依頼したときのこと、これには謝礼を払うことを約束し、たしかに出版社からは原稿料が出ました。

しかし、彼らはそれを喜ぶあまり、「アンダスンを記念して」といったもっともらしい理由をつけて、その原稿料を飲み代に使ってしまったのです。

これに対しても、事情を正直に伝えて許しを乞うたところ、アンダスンは大略こう答えてきたといいます。

「僕も貧乏だが、諸君はもっと貧乏らしい。僕の原稿料が、そういう立派な目的に費やされたものなら、私は遥かにその大宴会に関係を持ちえたことを誇りとし喜びとする。ただ残念なのは、僕が君たちが遊んだ場所に行くことができなかったことだ」

アンダスンは、こんなシャレたことが言える人だったのです。自ら苦労の多い人生を歩みつつ、「グロテスク」になってしまった人々の内面の悲しみを描き、「僕も貧乏」と告白しながらも、いや、そうであるからこその心の広さに打たれたエピソードでした。

いつの時代にも、どこの国にも、こんな心の広い優しい人はいるのですね。忘れかけていたアンダスンの名を、思いもよらず目にして驚くと同時に、なんだか微笑《ほほえ》ましい気分になりました。

アンダスンの描いた娘は、
もっと気楽に生きれば
グロテスクな存在に
ならなかったでしょう。

ホイットマンの「生命への賛歌」。
命に火がつきさえすれば、どんな厳しい環境も克服していけます。

「寒さに震えた者ほど太陽の暖かさを感じる」とホイットマンも言ったそうですが……

アンダスンに次いで私の中に残っているアメリカ文学は、ウォルト・ホイットマンの『草の葉』（Leaves of Grass）です。

ホイットマンにまつわる評価には、新しい文学の旗手とされる一方で、少年時代は父親の投資の失敗で住む家を転々としたり、なかなか定職に就けず苦労したりしたこと、そして作品には当初、わいせつとか過激、精神異常、同性愛者といった批判が殺到し、そうした偏見による逆風の中で戦った人間というイメージがあります。

しかし、私にとってホイットマンは、特別な思い出のある詩人です。後でお話しする私の三人の恩人の一人、東山正芳《ひがしやままさよし》先生に、六年間も個人的に教えを受けたときの教材がこのホイットマンだったのです。

しかし、当時の私としてはその文学の内容より、夢のように恵まれた恩師との幸せな時間のほうが印象的で、今回、改めてこの作品を手にしてみたのですが、何が何だかさっぱりです。

一八五五年、ホイットマン三十六歳のときの出版である代表作『草の葉』。その中の、たしか何十ページにも及ぶ長〜い一つの詩の中で、ここに一度だけ、詩集の題名に通じる「草の葉」（a leaf of grass）という文字があったことを覚えています。

原作を引っぱり出してみると、「私自身の歌」（Song of Myself）という全部で五十二の詩からなる長い作品の中の三十一番目にありました。

「ぼくは信じている一枚の草の葉も天の星たちの一日の運行に劣らぬことを。
そしてアリも劣らず完璧で、ひとつぶの砂、ミソサザイの卵も劣らず完璧であることを、
そしてアマガエルは至高者にこそふさわしい傑作であり、
そして枝が地を這《は》うキイチゴは天国の客間を飾るにふさわしく、
そしてぼくの手のいちばん小さな蝶番《ちょうつがい》でさえすべての機械を笑いものにしてしまうことを、
そして頭を垂れてもぐもぐと草食《は》む雄牛はどんな彫像にもまさり、

そして一匹のハツカネズミは雲霞《うんか》のごとき不信心者の大群を茫然《ぼうぜん》とさせるぐらいの奇跡だということを」

——酒本雅之訳、岩波文庫

この「草の葉」という単語が出てくる一節はよく覚えていますが、それ以外では、ある強烈な一つのイメージしか残っていないのです。

それは、とにかく実った稲穂がうねっていて、そこに雨が降って風が吹いてくる、稲穂がザーッと倒れているところへ、なんと素裸の女の子が来て転げまわるのです。「命だ、命だ」と言いながら……。

つまり、作者は、生と大自然と命とを、大胆に歌っていたのだと思います。

そしてあまりにも自由なその作風と、世の良俗にさからうような題材や表現で批判を受けながら、何度も何度も原稿を書きなおしていたのです。

こうした逆風に立ち向かう人生からして、なるほどと頷《うなず》かされたのが、「ホイットマンの名言」として知られる次の言葉です。

「寒さに震えた者ほど太陽の暖かさを感じる。

人生の悩みをくぐった者ほど生命の尊さを知る」

今回の私のテーマにも、まさにぴったりの名言なので、出典はどこかと探してみたのですが残念ながらわかりません。日本でもっともホイットマンに詳しい「日本ホイットマン協会」でも、やはり不明とのことでした。

ただ、日本でホイットマンが熱く受容された時代に、彼を崇拝する人たちの間で、彼の何らかの詩や言葉がそのように意訳・超訳された可能性もあるでしょう。

たしかに、ホイットマンの生き方や作品には、冷たい逆境をむしろ糧《かて》として、暖かい未来や、命の尊さを知るにいたる面があるのです。

要するに、ホイットマンの直感したものは、「宇宙の全体を貫く命の輝きと、命の尊さの力」だったでしょう。彼は、自分の命の力を、体ごとぶつけていたように思います。

そのことだけは、遠い昔に、大学院時代の恩師・東山先生と毎週机を共にして、先生の低音の美しいお声の朗読を耳にしながら、実感したのをはっきりと覚えています。

温厚で篤実《とくじつ》な東山先生が、この素裸で転げまわる少女のイメージに戸惑いながらも、そこに込められた宇宙に通じる生命の輝きを説かれたことだけは、私の脳裏に強烈に残ったのでした。

嵐になぎ倒され、自然の猛威にひれ伏したような稲穂の上を、なお生命力の塊のような全裸の少女が転げまわる。これぞ生命への賛歌であり、命に火がつきさえすれば、どんな厳しい環境も克服していけるでしょう。それが私のホイットマン経験でした。

このような文学体験を通して、私は「命に火をつける」という文言を、塾の精神の柱にしたのです。

昔は、悲しみに対処する知恵である「喪《そう》の作業」がありました

もちろん絶えがたい心の苦しみ、悲しみや孤独は古い時代から人間につきものでした。

一時《いっとき》は再起不能と思われるほど打ちのめされた弱き人間が、それでも何とか立ち直って日常生活に復帰し、身内や社会、そして自分自身のためにも生きつづけたのが、人類の歴史と言ってもいいでしょう。

ところが近年、こうした心のトラブルに対するケアの仕方に疑問が出てきています。

自治医大教授の精神科医・加藤敏《かとうさとし》先生は、ご自身の編著『レジリアンス・文化・創造』(金原出版)の中で、「現代人の〈ヒュブリス(思い上がり)〉と外傷後成長」という問題提起をされ、いま精神医学界で、大いなる反省がなされていると述懐されています。

「こころのケアがきわめて安直に説かれ濫用気味になっていることに違和感を覚える」と指摘されているのです。

「例えば、近親者の死に直面した人が、一定期間、意気消沈し悲しみにくれるのはごく自

然かつ正常な振る舞いである。この『正常な悲しみ』に陥っている人をうつ病と診断し、抗うつ剤をすぐに投与する風潮がある。……われわれは反省する必要があると思う」と書いておられます。精神科を訪ねて「統合失調症」と言われて帰り道に、そのショックで自殺した人は少なくないそうです。

このとき自殺にまでいたるような強い心のショックが「スチグマ（偏見、差別）」です。自分は「統合失調症だ」と思い込み、余計に情緒不安になってしまうということでしょう。その意味では、不登校も同じスチグマを持ちがちです。「もうダメだ。もう生きていけない」と思い込まされてしまいます。これを「社会的スチグマ」と言い、その「スチグマ」を除去するのに、現場で私たちは苦労しているのです。

こんな苦労をしなくてはならなくなったのは、「現代人の〈ヒュブリス（思い上がり）〉」だと加藤先生は言います。つまり、「科学的な知」が真理のすべてだと確信する「現代人のヒュブリス」が、かえって新たな苦しみを人間に与えているのです。

これが古代人だったらどうでしょうか。人々は、どんな病気や不幸、災厄にあっても、それを自分自身や共同体の中で、何とか耐え忍びました。例えば大きな地震や津波も大自然の怒りと受け取って、辛いながらも自ら戒めとし、納得してきたのです。

私など、子どものころ悪いことをすると、母からよく、「トシオ、そんなことをすると天罰があたるぞ」と怒鳴られたものでした。そして大けがや大失敗をしたときなど、やはり天罰が下ったのだと、その苦しみも自戒とともに受け止めていたのです。

言ってみれば、昔の人はそうした悲しみや苦しみに対する、自粛・自戒の時間、つまり前述した「喪の期間」が、悲しみや苦しみに対処する「知恵」として、自分と自分を取り巻く周辺の人々の間にあったといえます。

ところが、今日、この悲しみに対処する「喪の作業」を、人々は一人孤独に行うことを余儀なくされるようになってしまいました。悲しみを克服する作業を、孤独に行うという新たな悲しみ、苦しみもそこには発生するでしょう。

それと同時に、自分ではケアできない心を救う医療の問題として、新たな心のケアが求められ、それが「過剰ケア」となって、イタチごっこのように、個々の人間の心のトラブルを増やすという悪循環に陥ってしまっているのではないでしょうか。

注目すべきことに、ここ最近、アメリカで、ストレスやトラウマを跳ね返す力として「レジリアンス」という考え方を重視する動きが一層顕著になっています。これに関しては、次の章で詳しくお話ししたいと思います。

自分ではケアできない心を救う医療、
それが「過剰ケア」に
なっていないでしょうか。

フロムは、「いまの苦しみ」は
「明日の幸せ」に通じると確信しているのです。

いま悲しむ人、苦しむ人こそ、次に来る新たな時代が求める人なのです

ちょっと難しいですが、次の文章を読んでください。

「正常な、すなわち社会的に順応した市民の持った常識的な考え方は、合理的であって深層分析の必要はないと考えられていた。しかしこれはまったくまちがっている」

二十世紀の生んだ天才的な精神分析医エーリッヒ・フロムが一九七六年に書いた『生きるということ』（佐野哲郎訳、紀伊國屋書店）からの引用です。この本の原題でもある「To Have or to Be?」、つまり「持つべきか、あるべきか」の論で一世を風靡《ふうび》したあのフロムです。

要するにフロムは、持つこと、つまり所有欲や利益追求が支配する現代社会に疑問を呈し、「やみくもにそうした世間に順応するのは正しくない」と指摘したのです。

この時期は、ちょうど私が「師友塾」を興したときと重なります。手前ミソ的ですが、私の不登校現象の捉え方と、この「フロムの説」とは重なっています。さらには、前の項でお話しした「グロテスク論」と重ならないでしょうか。

私たちにもっと身近な例で言えば、

「池の中で一度にたくさんのフナがプカプカと浮かび上がったら、フナがおかしいと思うより、まずは水質を疑ってみるのが順当だろう。世の中がおかしければ、まっとうな人間がグロテスクに映る」

これが、私が四十年前から主張している「フナ論」です。

まさにアンダスンの「純（ピュア）なものほど奇異に映る」と同じ考え方です。

精神分析医であり、かつ社会学者でもあったフロムは、その鋭い舌鋒《ぜっぽう》を社会に向け、このように揶揄《やゆ》しました。

「所有欲を満たすことのみに人々を煽《あお》り立てる消費社会は、まともではない」

と、彼の眼は鋭いのです。そしてさらに人間にはもう一つ、

「他の人々と共に在りたいという欲求も生来のものである」

と優しいのです。

もちろん、この〝論〟は、私は四十年前には知りませんでした。しかし、鈍い私でも若さゆえにか、カンのようなもので、当時まったくこのフロムと同じことを察知していました。それで「えいやっ」と不登校生のための塾をつくったのです。

所有欲だけの社会に背を向け、他の人々と共に在りたいという感覚を持った子らを受け止めるためにです。このような感覚を持った子らは、見方を変えれば、「感受性の犠牲者」とも言えるでしょう。

フロムの鋭い眼は、親と子の関係にも向けられます。


「子どもの反抗にはほかにも多く現れ方がある。清潔のしつけのきまりを受け付けないこと、食べないこと、あるいは食べすぎること、攻撃とサディズム、そして多くの種類の自己破壊的な行為。……世界への関心の消去、怠惰、受動性から最も病的な形の緩慢な自己破壊に至るまで——となって現われる」

つまりは、私の身辺的な言葉で言えば、摂食障害や家庭内暴力などのことです。はては、無気力、引きこもり、ついには自死という形での反抗です。

このようにフロムは、四十年前にすでに世の中や親たちが、当然のように無意識に押しつける拝金主義的な〝価値観〞に抵抗する（これもほとんど無意識なのでしょうが）一群の感受性の豊かな若者を支持しているのです。

そして、フロムは、次のような文章で〝新しい芽〞の出現を予告しています。

「彼らは、故意にせよ無意識にせよ常に嘘をつくことによって自分のイメージを保護するようなことはしないし、大多数の人々がするように真実を抑圧するために、精力を費やすこともない。彼らは、その率直さによって年長者に感銘を与える」

かつて幼かった津島修治《つしましゅうじ》（後の太宰治《だざいおさむ》）が、周囲の大人たちの「明るくほがらかに嘘をつく」様子に腹を立てて、「ちゃぶ台をひっくり返した」のを思い出しますね。「理想主義的で感受性の鋭い」「一群の若い人々」の出現を天才フロムは予見していたのです。

これまた手前ミソ的になりますが、私が「子どもが学校に行かなくなったら赤飯をたいて祝おう」と声高に訴えるのと重なりませんか。

というわけで、フロムは、私たちにとってまさに「百万の味方」以上の存在なのです。

くどいようですが、もう少しフロムの言葉を続けます。

「新しい社会は、人間の心の中に根本的な変革が起こったときに、初めて生まれる」と指摘し、その実現のためには、次の四つの事柄を示唆するのです。

一、私たちが苦しんでいて、しかもそのことに気づいている。

二、私たちが不幸の原因を認めている。

三、不幸を克服する方法があることを私たちが認めている。

四、不幸を克服するためには、現在の生活習慣を変えなければならないことを私たちは容認している。

つまり、フロムは愛を込めて「どうぞ苦しいことや悲しいことから目をそらさないで、逆に受け止めて、そして乗り越えてください」と訴えているのです。

「いまの苦しみ」は「明日の幸せ」に通じると確信しているからです。

現代社会で落ちこぼれになれた感性は、次代では「赤飯もの」になります

私たちの師友塾には、いろいろな〝格言〟まがいのものがあります。

ナヨナヨ、クタクタ、ボロボロになって訪ねてくる子らを励ますために、私が発したコトバをコンパクトにまとめたものです。例えばまずは、

〈元気が正義〉

〈高々と帆を揚げて〉

〈ドン詰まりが出発点〉

〈負けて泣くなら勝って泣け〉

〈がむしゃらにやってみよう〉

〈めざせニューエリート〉

などなどですが、きわめつけは、

〈子どもが学校に行けなくなった、赤飯をたいて祝おう〉

でしょう。

こうしたいろいろの格言の中に、「1・2・3方式」という発想法があります。

これを説明するときは、いつも黒板に図示しています。下段に1、その上の中段に2、そして上段に3と数字を入れて、一つずつ解説するのです。

1は、つまり、単なる世間でいうところの落ちこぼれです。朝も起きない、学校にも行かない、ひいてはながーく引きこもる。これでは、どこから見ても〝単なる落ちこぼれ〟にしか見えないでしょう。

2は、普通の世間、並、標準。少々突っ込みを入れると、自己中で脳を支配されている人々の集団、つまり、戦後の日本社会のこと

1・2・3方式

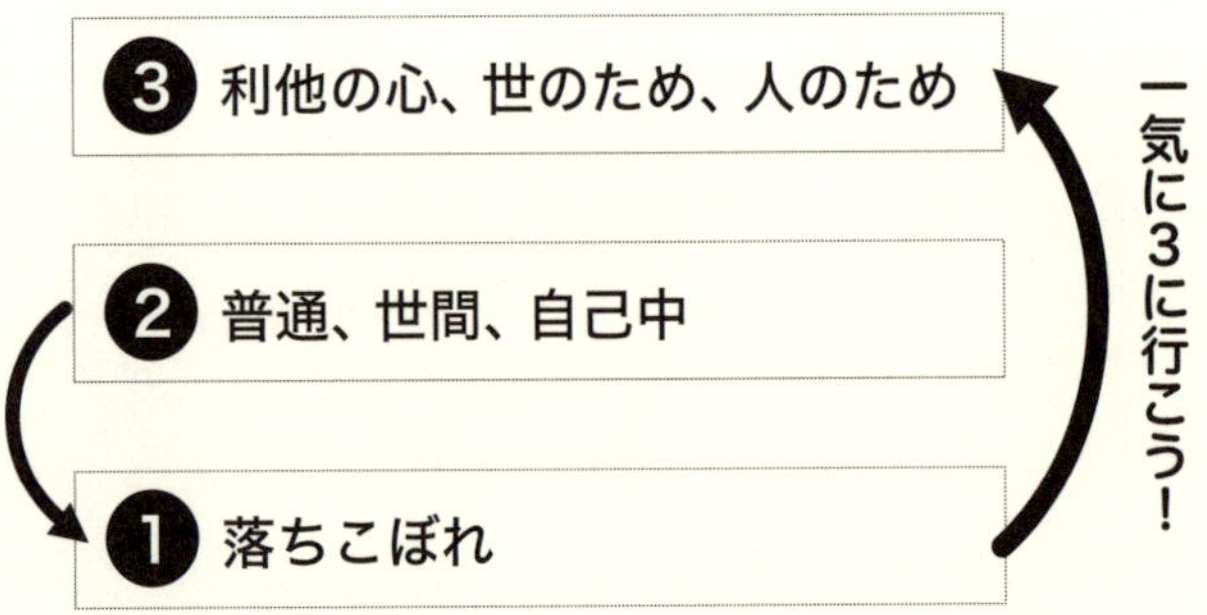

です。どんなにきれいに説明しても自己中は自己中でしょう。日々頑張ってはいるけれど、結局は自分の幸せしか考えていないのですから。これが〝無意識〟に行われているから余計にこわいのです。

〝こんな日本に誰がした〟ではないですが、戦後七十年間で、かつての日本人の美質は見事に消えうせたように思うのは、私ひとりではないでしょう。

競争主義、大量生産の大量消費、分かち合うより奪い合い、この風潮、ますます盛んでおとろえを知らずといった風です（ちょっとクドく言いすぎましたが）。

このような空気が蔓延し、それに耐えられない感性を有している一部の子どもたちは、〝動けなくなった〟。私は当初より、このように「不登校」の原因を「社会病理」と捉えて塾の運営をしてきたのです。

「教育とは社会に適応させることである」と思い、疑ってもみなかった人々には、私のこのような考えは奇異に映るかもしれません。しかし、このような考えも一方では許されるでしょう。

2の世界がいやなら、1か3しかないのですが、学校に行けなくなったといって、1に転落したのでは人生の負け組です。で、3に上るしかないという発想です。

手短かに言えば、ここ3にあるのは〝利他〟の精神です。「世のため人のため国のため」という心根です。

難しいようですが、田舎育ちの教養人でもない私の母が、当たり前のように口を開けば、「トシオ、オマエは世のため人のため国のために生んだんだ、よく覚えておけ」と、叱るときは必ず、「世のため人のため国のため」というこのコトバで結んでいました（ついでに言うと、もうひと言〝天皇のため〟というのもありましたが……）。

これほどにひと昔前は、この考えはじつに当たり前のことだったのです。

で、私もこの母のコトバにあやかって、塾の中ではヒマがあれば口にしているのです。塾生たち、はじめはキョトンとしていますが、そのうちに慣れ、「なるほどこういう考え方もあるんだ」と違和感もなくなり、そのうちに「だからオレ、動けなくなったんだ」「だから私、こうすれば動けるんだ」と、深く納得するようになるのです。

私の毎週のセミナーでは、このことばかりを、手を替え品を替えて話しているので、親御さんまで深く納得されて耳を傾けてくれます。

こういう利他の精神に反応する感性を持っているがゆえに、不登校であろうと何であろうと、むしろ現代社会でそのようになれた、いい、落ちこぼれになれた、いい、この子たちは、次代では確実に「赤飯もの」になると断言しているのです。

全員が全員そうだとは言いませんが、七、八割の塾生は、この「1・2・3方式」を気に入って、反応してくれますね。つまり、1から2を飛び越して、「一気に3に行こう！」と自分で決めた途端、〝元気〟に向かって歩みはじめるのです。

この勢いで、農園もするし、アメリカの大学にも行くし、野球もするし、勉強もするのです。

悲しみを十分に悲しんできた
不登校生たちの、
「利他」に反応する感性こそ、
「赤飯もの」なのです。

二章

「悲しみ」や「涙」の持つありがたい力

「涙」は、脳ストレスの〝特効薬〟になります

読売新聞の名コラム「編集手帳」（二〇一四年七月四日）で知ったことですが……。
民俗学者・柳田国男《やなぎたくにお》の説によると、江戸から明治に移るにつれ、日本人はだんだん以前より泣かなくなっていったそうです。教育が普及して言葉で感情を伝えるようになり、「涙という〝身体言語〟の出番が減った」というのですね。

そこで、というわけでもないでしょうが、最近、「悲しみ」につきものの「涙」を見直す「涙活《るいかつ》」という運動が広がっているらしいですね。寺井広樹《てらいひろき》という若い人が「涙活プロデューサー」という肩書きで主宰し、全国的なブームになっているんだとか……。知っておられましたか？

涙を流して泣くことは「趣味」や「笑い」よりも（遺伝子学者の村上和雄先生は「笑いの効用」を説かれていますが）、心身ともにストレスを解消するらしいのです。

以下、寺井氏の著書『泣く技術』（ＰＨＰ文庫）から、少しおすそ分けすると……。

人間は、「一生のうちに四億二千回泣いている」そうです。「涙」には目にゴミが入ったり、玉ネギを切ったときに流れる「反射の涙」と、脳がストレスを感じたときに流す「情動の涙」の二種類があるといいます。

「情動の涙」は人間特有のもので、ウミガメが産卵のときに流す涙は、あれは飲み込んだ海水に含まれる塩分を体外に排出しているだけのことなのだそうです。

人間が涙を流すのは、一歳を過ぎてかららしいですね。そのあとに流す涙に、悔し涙や悲しみの涙だとかがあり、そして大人になって流すのが「感動の涙」なんですって。

言われてみれば納得ですよね。で、この「感動の涙」がストレス解消に、もっともいいらしいのです。

「ストレス解消」というと、あの『脳からストレスを消す技術』（サンマーク文庫）で話題になっている有田《ありた》秀穂《ひでほ》先生（東邦大医学部教授）にご登場願うしかないでしょう。

有田先生いわく。「ストレスというものに対して、私たちはいままで重大な思い違いをしていました」と切り出して、「私たちはストレスに勝とうと思ってはいけません。人間は、ストレスには勝てないようにできているのです」とぴしゃりです。

なぜなら、「ストレスは決してなくならない」からだそうです。なるほどこれも言われてみればまったくそのとおりですね。

では、どうすればいいのだ、の問いに有田先生、「ストレスを〈消せば〉いい」と説くのです。ストレスはなくならないけれど、ストレスから受ける苦しみはいくらでも消せるからだということです。これも〝なるほど〟です。

ストレスに二種類あるっていうの、ご存じでしたか。「痛い」「寒い」という「身体的ストレス」と、「辛い」「悲しい」といった「精神的ストレス」の二つです。

この「心のストレス」がどのように生じ、どのようにしたら治るのかという研究が、じつはつい最近までされていなかったらしいのです。だから、私たちが「ストレスには二種類ある」というのも知らないわけですよね。

で、最近、「脳科学はその精神的ストレスの正体をついに突き止めた」のだそうです。

その結果、「心のストレスの正体は、〈脳が神経伝達物質を通して感じるストレス〉」で、だから「私はこのことをみなさんに知っていただくために、心のストレスのことを〈脳ストレス〉と呼んでいます」と有田先生は力説されているのです。

で、先生は、「脳ストレスをコントロールするための機能は二つあります。一つはストレスを受け流す機能です。これは『セロトニン神経』を活性化させることで高まります。

もう一つは、溜まってしまったストレスを一気に解消する機能です。これは『涙』することでスイッチが入ります」とおっしゃいます。

つまり、「涙を流せ」ば、ストレスが消せるのだとおっしゃるのです。

なるほど、この点で有田先生と先ほどの「涙活」の寺井氏が通じ、「涙活」運動の顧問に有田先生がなっておられるのですね。「涙活」運動、これは全国だけでなく全世界にひろがるかもしれません。

先の読売新聞「編集手帳」も、こんなきれいな引用で記事を締めくくっています。

「きみの目のなかにあるもの、それなあに？　真珠？」

メーテルリンクの『青い鳥』にある言葉だそうですが、ステキですね。

どんな悲しみも愛しさも感動も、小さな真珠の中にぎゅっと凝縮されて、だからこそあんなに美しい光をたたえて目からこぼれ落ちるんですね。

溜まってしまったストレスを
一気に解消する機能は、
「涙」することでスイッチが入ります。

あのとき「泣か」なかったら、
その後すぐには立ち直れなかったかもしれません。

私は二回の「号泣」のお蔭で、魂の抜け殻から立ち直れました

そういえば私も、これまでの生涯で、わんわんと声を出し「号泣」したことが二回あります。これ以外に実際にはもっとあるのでしょうが、「号泣」という二文字を見て、咄嗟《とっさ》に思い出すのが二つの光景だというわけです。

一つ目は、これはガキのころです。何歳ごろか定かではありません。大泣きしながら母を捜して、母と仲良しだった近所のおばさんのところに走っていったので、四、五歳のころでしょう。

昼寝していて（実家には小さいながら縁側があったので、そこでウトウトしていたのです）、目が覚めると母がいなかったので、寂しくなって（私が最初に〝孤独〟を実体験したのはこのときです）、地獄にでも落とされたような深い孤独感を全身で感じました。『母をたずねて三千里』的な気持ちに襲われ、小走りで母がよく行っていた末田《すえだ》のチーちゃん宅をめざしたのです。そこで母を発見し、安心して母のひざに泣きくずれました。

「どうしたの、この子は」と言いながら、母に両手で頭を抱かれてホッとしたのを、いまでも鮮明に覚えています。この感覚が、後で述べる岡田尊司《おかだたかし》先生（精神科医）のおっしゃる「安全基地」感覚でしょう。

二つ目の「号泣」は、これは相当歳を重ねてからのものです。最近のことなので、いまでも実感をともなって覚えています。

大好きだった母代わりの長女の姉が、十七年前に他界しました。私は七人兄弟（男四人、女三人）の末っ子で、この姉とは相当に歳が離れていたこともあって、母がいつも「母代わりと思って大事にしなさい」と口ぐせのように言っていました。

私も心からそのように思い、慕っていた姉でしたが、一度十八歳で嫁ぎ、ワケあって二十六歳で離婚し、その後ずっと独り身でした。その姉が突然にこの世を去ったのです。

夕方に三女の姉から、「トッちゃん、カズ子姉さんが倒れたんよ」と神戸の自宅に電話が入り、受話器を置いたそのままの足で尾道に向かいました。

病院に着くとまさにその瞬間に、医者が「ご臨終です」と最期を告げ、姉は天国に（きっと天国です。とてもいい人だったので）召されたのです。

じつは、その瞬間から、その日と次の日の二日間、記憶がまったくありません。これから述べることは、周囲にいた者から、後で聞いて知ったことです。記憶喪失の体験は、これが後にも先にも初めてです。この体験は誰にもわかってもらえませんがほんとうなのです。

でも、部分的なことだけは記憶にあります。

新尾道駅に着いたとき、幼な友だちの友人が迎えにきていたこと、病院に着くとすぐにマスクと薄青色の何かを着せられたこと、病室で白くなった姉の顔を見たこと、夕方、病院からすぐ近くの海徳寺（実家の墓のあるお寺さん）の本堂のすぐ左横の部屋に敷いた布団に姉を運んだこと、そこまでは覚えています。

ところがそこで、もの言わぬ姉に「お姉さんゴメン」と、タタミに両手をついて号泣しはじめたとき、私は倒れたのです。

すぐに救急車で、姉が先ほどまで入っていた集中治療室に運ばれました。周りの者は、「こりゃー、ダブル通夜になる」と慌てたらしいですが……。

夜明けの二時過ぎに、神戸の塾のスタッフが知らせを受けて病院に駆けつけ、私が「トイレに行く」と立ち上がって歩いているときにすれ違いましたが、その姿はまさに幽体離脱そのものだったようです。

いわゆる魂が抜けた体だけの状態だったようです。その夜中に友人宅に、スタッフの車で送られて泊めてもらい、翌朝九時過ぎに朝食を終えたとき、一階の店のオフィスに、次男の兄貴が呼ばれて来ていました。私の様子がおかしいので、友人が呼んだらしいのです。

いきなり兄貴に、「トシオしっかりせい」と頬に平手打ちを食らいました。

「カズ子は死んで、もう病院にはおらんのだ」としきりに言うのです。私が、姉の見舞いに病院に行くと言い張ったからのようです。無意識のうちに、私は「姉の死」を受け入れられなかったのでしょう。それほど、大好きだったのです。

兄の平手打ちを食らって私は正気に戻り、恥ずかしながら、一人で号泣しながら（それは大声の大泣きだったようです）、商店街を通り抜け、坂道を登ってお寺まで歩きました。

このときの私の様子は、その後ずーっと近所の話題になったようです。何しろ、大男が泣きじゃくりながら、お寺まで約二キロを歩き通したというのですから。

でも、この「号泣」のお蔭で、私は、魂の抜けた幽体を実体に戻すことができました。

あのとき「泣か」なかったら、「涙を流さ」なかったら、その後すぐに「すーっ」とは立ち直れなかったかもしれません。「号泣」のお蔭です。

体や心の苦痛は「泣い」たり「涙」したりで和らぐのですね。これ実体験です。

人の苦しみを苦しみ、人の悲しみを悲しむ「惻隠《そくいん》の情」も「悲しむ力」

いま懸命に、「先住民に学ぶ」ことを訴えておられる月尾嘉男《つきおよしお》先生（東大名誉教授）にお越しいただき、つい先ごろ四百名を超える大きな（私にとっては）講演会を開きました。設立（塾の）以来、毎月催している「大人の反省会」の一つとしてです。

当塾では、子どもが学校に行かなく（行けなく）なったら、反省すべきは、まず大人（親も教師も含めて）であるという考えから、この催しは、この四十年間欠かしたことはないのです。

「なぜ大人なのか」は深い問題なので別項にゆずりますが、キリストの教えにも「自戒」というのがありますから、「まず、大人から」ということなのです。

月尾先生、初対面でしたが、同年輩ということもあって波長も合い、お人柄が非常に柔和で、つまりジェントルマンであられ、「近未来の日本」という難しいタイトル（私たちがお願いしたのですが）にもかかわらず、笑いもあってとても充実したかつ楽しい会でした。

その会で、先生、会の終わるころ、学生たちに向かって唐突に、

「キミたちいまの若いうちに、新渡戸稲造《にとべいなぞう》の〈武士道〉の本をぜひ、ぜひ、手にしてじっくり読んでください。必ず読んでくださいね」

と、壇上から乗り出すようにして訴えられたのです。よほど、いまの日本人の心のありように思うところがあるんでしょう。

でなければ、「先住民に学ぼう」と、北海道のアイヌを訪ねたり、もっと北のイヌイット（アラスカ）といっしょに長期生活し、それをテレビ放映されるなど、危険かつしんどいことなど、それも東大の定年退職を二年前倒ししてまでされませんよね。

素直な学生たち、月尾先生の助言を受けて、その翌週に、私のセミナーで「武士道」の発表をしてくれました。なかなか立派なしっかりした内容でした。発表者の態度もりりしく、有言実行という感じでした。ご存じのように、「武士道」には「七訓」が述べられています。順不同に写してみます。
一、義　二、勇　三、仁　四、礼　五、誠　六、名誉　七、忠誠
新渡戸は、七訓の中でも柱に「義」を考えていたようです。この「七訓」が、日本人を

日本人たらしめている精神で、これが日本人にとって宗教に当たるものであると、世界の人々に訴えようとしたのです。

一つ一つに味わいがあり、実行するのがなかなか難しいものばかりです。がゆえに、〝宗教〟に値するのですよね。私もまったく同感です。

しかし、〝同感〟〝賛同〟と言いながら、個人的にはもう一つ足してほしい〝情愛〟があるのです。この四十年、身辺の子らを見ていてつくづく思うことがあるからです。「七訓」ほど上等ではないのですが、人間としてまずこの気持ちを持ってほしい、いえ、もっと正確に言うと、この一つの気持ちから人生をスタートしてほしいと願うからです。

その〝情愛〟とは、「惻隠の情」というものです。

辞書的な意味では、例えば『新明解国語辞典』（小学館）では、「惻」も「隠」も傷む心の切なる形容で、「困っているのを見聞きして、かわいそうだと同情する」意の漢語的表現としています。

つまり人の「悲しみ」や「苦しみ」を見て見ぬふりをしないで、自分の「悲しみ」、自分の「苦しみ」として受け止める心のことでしょう。

まさに、「思わずそうしてしまう」という情の動きです。理屈以前の情の動きです。

例えば、夕方、学習塾に行こうと思って急いで信号を渡ろうとしたとき、通りがかった見知らぬおばあちゃんが、つまずいて転んでしまった。それを見たその子は、塾に行くのも忘れて思わず駆けよって抱き起こし、けががひどい場合には病院までいっしょに行く、という情の動きと行動です。

この子は、その分、勉強が遅れ、ことによればそれを知った塾の先生や親に、「余計なことをして」と叱られるかもしれませんよね。でも、人間としてはこれでいいのです。立派な行為です。

こういう場合、親御さんは、「よくやった」とほめてあげてください。この子は親孝行な素晴らしい人間に育ちますよ。私のセミナーでは、この「惻隠の情」を一番にしているのです。だから、「七訓」に、もう一つ足してほしいと願ったのです。

第二次大戦の折の、日本海軍の中型の駆逐艦「雷《いかずち》」の艦長、工藤俊作《くどうしゅんさく》氏が、敵兵のイギリス人、四百余名を戦いのさなかに救った話は有名です。

彼は、江田島の海軍兵学校出身の当時のエリートです。頭が優秀のみならず、心も超一等だったのです。真のエリートです。その彼にして初めて、あの「〈敵を救う〉という海軍史上異例の命令」が下せたのです。

一つ間違えば軍罰ものです。勇気以上の勇気が要ったことでしょう。

これぞまさに「惻隠の情」の典型です。工藤艦長は、「人間として」、思わず、そうせざるを得なかったのでしょう。敵も味方もない。目の前の海中で、助けを求めるイギリス兵を、敵とはいえ見殺しにはできなかったのです。

この工藤艦長の「異例の命令」のお蔭で命拾いしたイギリス兵が、八十歳を過ぎて死が近づいたとき、どうしてもあの艦長の墓に参りたいと、車椅子で日本を訪れました。そして墓に花をたむける姿が、つい最近テレビで放映されましたが、「人間の美しい行為」として、とても印象的でした。

この「惻隠の情」こそ、人間を人間たらしめるものと信じます。人の「悲しみ」を自分の「悲しみ」にできること。それも「悲しむ力」の一つとして、若い人々に知って身につけてほしいのです。

工藤艦長は「人間として」、助けを求める敵兵を見殺しにはできなかったのです。

悲しみもがき抜いた者への幸せのプレゼント。
悲しみは人を強く磨いてくれます。

「幸福感というものは、悲哀の川の底に沈んで、幽《かす》かに光っている砂金」――太宰治

かつて私は、作家・太宰治に心酔したことがあります。同世代の皆がそうしたようにです。二十歳のころのことでした。

太宰は、三十九歳で美容師の山崎富栄《やまざきとみえ》という女性と玉川上水に入水し、（お酒も飲んでいたらしい）自死しました。すでに、『斜陽』も世に出ており流行作家だったので、当時大変話題になりました。

私は、太宰が自死した年齢を越えて、四十一歳になったとき、「いまなら太宰を書ける」と思い、憑《つ》かれたように（シアトルにいた夏のことです。二十九ページで書いた「AIE」の夏季合宿中だったのです）、周りの者に言わせると、天界の太宰とチャネリングしたかのように、一気に、一晩五十枚の勢いで書きなぐったのです。

いまから考えるとウソのようですが、〝乗る〟ということも可能になるのですね。

「太宰治私論『斜陽』篇」と題して、五百枚を十日で書き上げました。

翌年には、今度は『人間失格』を題材にやはり五百枚を書き、後に、『この人を見よ』(上)―太宰治私論『斜陽』篇―、『この人を見よ』(下)―太宰治私論『人間失格』篇―として上梓《じょうし》しました。

ちなみに、太宰と私は何の関係もありません。私は大学の〝日文〟(日本文学)出身でもありません。この論集を書くことと仕事は、まったく関係ありません。まったく無益な道楽です。

この『この人を見よ』(上)の中に、『斜陽』五章から、次のような一節を引用しています。「悲しみ」に通じるので書き写してみます。

「幸福感というものは、悲哀の川の底に沈んで、幽かに光っている砂金のようなものではなかろうか。悲しみの限りを通り過ぎて、不思議な薄明りの気持、あれが幸福感というもの……」

この箇所に続いて拙著では、太宰の「悲しみ」と「幸せ」についての〝思想〟を分析して記していますので、そのくだりを写してみます。

――太宰はこう言って、幸福の隠れ場を私たちにそっと教えてくれるのです。歓喜の川をのぞいたって、そこには幸せなんて流れていませんよ、と言っているのです。太宰独特の幸福感です。

人間の日々の営みは、究極、どんなに小さくてもいい、幸せと名がつくものであるならば、と言われるほどに、幸福に向かってつみ重ねられているものではないでしょうか。こっちの水は甘いぞ、と言われれば、甘さを求めてそちらに歩み寄るでしょうし、前方に幸せの川が流れていると知れば、自然に足はそのほうに向くでしょう。

ところが太宰は、そう言ってくれません。「幸福」は「悲哀の川の底に沈んで」いて、しかも、「幽かに」しか光っていないというのです。悲しみの、そのまた悲しみの、そのまた悲しみの、ずーっと、ずーっと、はるか向こうに見える「薄明り」がそうだと、言うのです。――

どうです。太宰は「悲しみ」を知っていたでしょう。太宰は「悲しむこと」をきっちりと哲学していたでしょう。太宰は、巷《ちまた》で言われているような単なる不道徳者で、グータラヤローで、女たらしではなかったのです。ピュア（純）で優しくて、私の身辺にいる子たちの大・大・大先輩のような人間だったのです。

生意気を言うようですが、三十年前に、私自身も、少しは「悲しむ力」の威力に気がついていたようです。太宰ではないですが、「悲しみの底の底に、幸せはある」のです。本当の幸せというものは、悲しみを通り越したずっと向こうにあるのです。神様は、このような仕掛けをして、人間を試しているのです。

思うに、悲しみの向こう側に単なる幸せがあるのではなくて、悲しみ悩み、もがき抜いた者にのみ、それ以前の倍の幸せを、神様はプレゼントしてくれるのではないでしょうか。まさに、「悲しみは人を強く磨いてくれる」のです。

太宰のこの章を改めて読みながら、つくづくそう思いました。

この『この人を見よ』は、当時、少々評判になり、「クリスチャン新聞」が大きく報じてくれました。プロテスタント派の文芸評論家としてご高名だった水谷昭夫《みずたにあきお》氏（故人・当時関西学院大学文学部教授）が絶賛してくれました。

この水谷氏は、あの『氷点』で有名な三浦綾子《みうらあやこ》氏を世に出した人として高名です。私は、それまで面識はありませんでした。突然、塾に『この人を見よ』を持参して訪ねてこられたのです。
そして、少しして、芦屋で「いまなぜ太宰か！」と題して大々的な講演会をいっしょにしてくださいました。懐かしい思い出です。その氏の書評にこうあります。

――この著書を手にした読者は、恐らく、何よりもその感性と自由な心の躍動のみずみずしさに圧倒されるだろう。（中略）この八方破れの太宰治論は、まことに驚きの一語に尽きた。八方破れとは言え、それは、亀井勝一郎、堤重久、奥野健男氏などいわば古典的な太宰批評を踏まえそれをしも超える太宰賛美を、自らの生き方と信仰を賭《と》して、何の粉飾もほどこすことなく赤裸々に述べた。確かに表題の示す「私論」の極北を示す一書であろう。――

水谷氏は、私のこの本を「八方破れ」の「私論」の「極北」として評価してくださったのです。ありがたいことですが……。続けて、

――この書の痛烈さは、現在の人間崩壊現象の現実に生き身をさらし、なおも、人

間への愛、というより、一層未練を捨て切れぬものが、もどかしく自らの信仰告白のごとく語った文章として、虚心に読まれるべきものであろう。

「太宰は誰よりも『家庭』を愛しました。普通人の数層倍、『妻子』を愛しました。しかしそれ以上に、太宰は『人間』を愛してしまったのです。そして、『人間』を愛したイエス・キリストのみことばに彼は従った。これが、私の結論です」という結論は、まことに激しく、いまの時代に迫る力を持っている。――

いま読み直しても、ありがたい、ありがたい書評です。この私のかつての渾身《こんしん》の一冊の中に、「悲しみ」と「幸せ」についての考えも含んでいましたので、少々長かったのですが、水谷氏の懐かしい書評を紹介してみました。

大きな悲しみを避けるために、大きな喜びに目をつむれますか？

太宰は、『人間失格』の中でも、「悲哀《かなしみ》」と「歓楽《よろこび》」について書いています。

まず上田敏の訳したギイ・シャルル・クロオという詩人の、

「即ち荒っぽい大きな歓楽《よろこび》を避《よ》けてさえいれば、
自然また大きな悲哀《かなしみ》もやって来《こ》ないのだ」

という言葉を含んだ詩を引き、これを踏まえて主人公の大庭葉蔵に、次のように語らせています。

「自分は、大きな歓楽も、また、大きな悲哀もない無名の漫画家。いかに大きな悲哀があとでやってきてもいい。荒っぽい大きな歓楽が欲しいと内心あせってはいても、自分の現在のよろこびたるや、お客とむだ事を言い合い、お客の酒を飲む事だけでした」


この言葉を受けて、私は『この人を見よ』（上）でおよそ次のようなことを書きました。

当時、四十歳を超えたばかりの私は、「あなたならどちらの道を選びますか」と読者に問いかけます。そして自分なら、

「大きな悲哀を避けるために、大きな歓楽には目をつむります」

と断言します。若くて元気がいいときは、

「大きな悲哀があとでやって来てもいい、荒っぽい大きな歓楽が欲しい」

と迷わずに言えるでしょうね、と。

一体、太宰の本心はどちらだったのでしょうか。

『斜陽』の主人公・かず子は、「大きな悲哀」を覚悟して、「荒っぽい大きな歓楽」へ向かって舵《かじ》を切り、帆を上げてしまいます。

このあたりは、太宰の生涯に関わった女性とのエピソードが、ほぼ実話どおりに描かれていますから、かず子のモデルとなった愛人・太田静子の行動と照らしてみれば、なるほ

ど頷《うなず》けるものがあります。

太田静子は、大きな悲哀が訪れることを予感しながら、太宰との道ならぬ恋を選び、子どもまで生んでしまうのです。しかし、太宰は妻や彼女の存在がありながら、別な女性、山崎富栄と心中してしまいます。

かず子、すなわち太田静子にとって、このことは「大きな悲哀」だったかもしれませんが、また彼との愛を自分の望みどおりに成就したことにおいて、「大きな歓楽」だったでしょう。もっとも太宰はこの恋の成就を、『斜陽』の中のかず子の言葉で、

「かなしい、かなしい恋の成就」

と書いています。

普通だったら喜びの極致であっていいはずの恋の成就を、「かなしい、かなしい」と捉える太宰の感覚は、もちろん彼女のひたむきな愛に対する優しさだったかもしれません。

しかしこうして見ると、太宰のような特別な感性の持ち主でなくとも、大きな悲哀と大きな喜びは、表裏一体をなしているのではないかと思えます。

やはり人間には「悲しむ力」があってこそ、大きな喜びもありうるのではないかということが、わかるような気がするのです。

逆に言えば、七十代になった私が、『この人を見よ』（上）で書いたような、大きな悲しみを避けるために、大きな喜びに目をつむってしまうような生き方は、とくに若い人たちにはけっして最初から選んでほしくないと思います。この詩の引用の続きには、「ゆくてを塞《ふさ》ぐ邪魔な石を　蟾蜍《ひきがえる》は廻って通る」と書かれています。

もちろん人それぞれ生き方の選択はいろいろでしょう。でも少なくとも、悲しみばかりの人生、辛くて苦しいばかりの人生は、単に慰めでなく、捨てたものではない、どころか、もしかしたら大威張りしていい人生なのかもしれません。

太宰の鋭い感覚で人間や人生を見た作品から、改めてそんなことが感じられたのです。

この詩の後半には、太宰は引いていませんが、次のように書かれています。上田敏訳『牧羊神《ぼくようしん》』の中の「世間のある人人には……」という詩です。（原文は旧仮名、旧漢字）

「しかし、君、もし本当に生きていたいなら、
其日其日に新しい力を出して、
荒れ狂う生《いのち》、鼻息強く跳ね躍る生《いのち》、
御《ぎょ》せられまいとする生《いのち》にうち克たねばならぬ。

（中略）
君が心はいつまでも望《のぞみ》と同じく雄大に、
神の授《さずけ》の松明《たいまつ》を吝《おし》むな。
塞ぎがちなる肉身《にくしん》から雄々しい声を噴上げよ、
苦痛にすべてうち任せたその肉身から、
従容《しょうよう》として死の許嫁《いいなずけ》たる肉身から叫べ。
宝玉《ほうぎょく》は鉱石を破って光る」
――『上田敏全訳詩集』山内義雄・矢野峰人編、岩波文庫

太宰は、人生の幸せを「悲哀の川の底で幽かに光る砂金」と捉えましたが、この詩人は「鉱石を破って光る」宝玉、つまりいつもは鉱石の中に潜んでいて、いざというとき殻を破って光る宝玉にたとえています。何か共通するものを感じませんか。

その宝玉が鉱石を破って光るときとは、君が、塞ぎがちで苦痛に満ちた、死と許嫁になったような体から、雄々しい声を噴き上げたときだ、といいます。

やはり宝玉が光る、つまり「本当に生きて」幸せを手にするには、苦痛が前提条件になっているのですね。

荒っぽい大きな歓楽《よろこび》を
避《よ》けてさえいれば、
自然また大きな悲哀《かなしみ》もやって来《こ》ない。

人を喜ばせることが、何よりも好きだった太宰治。
人の幸せを我がことのように喜んだ矢代静一《やしろせいいち》。

人を喜ばせ、人のために喜ぶ、太宰治も矢代静一もそんな人でした

前項で、「太宰と私は何の関係もありません」と述べましたが、じつは太宰と私には〝濃い関係〟があるのです。直接ではなくて間接なんですが……。二十数年前に、ひょんなご縁で太宰と親しい劇作家の矢代静一先生（故人）と懇意にしていただいたのです。

当時、上京の度に青山のご自宅を訪ねました。バラの花一輪を手にして（これ、いつも奥様の和子さんが喜んでくださいましたので）。

書斎の正面の壁に、画用紙大の太宰直筆の色紙が飾ってありました。

「私は人を喜ばせるのが好きである」

と書いてあったように思います。

この一文、太宰が三十三歳のとき書いた「正義と微笑」（新潮文庫『パンドラの匣《はこ》』所載）の終わり近くにも出てきます。

——誰か僕の墓碑に、次のような一句をきざんでくれる人はないか。

「かれは、人を喜ばせるのが、何よりも好きであった！」

このセリフのように、本当に太宰のお墓に刻んでやればよかったですね。

矢代先生は、当時、曾野綾子《そのあやこ》、遠藤周作《えんどうしゅうさく》と並んで、カトリック作家三人のうちのお一人で、普通ではお会いできないようなご高名な劇作家でした。

一般の方には、俳優の緒形拳《おがたけん》や西田敏行《にしだとしゆき》、田中裕子《たなかゆうこ》などのお師匠さんであるといったほうがわかりがいいでしょう。俳優座や文学座に所属し、三島由紀夫《みしまゆきお》の作品上演を拒んだ文学座とケンカして、劇団NLT（「新文学座」の意のラテン語、Neo Litterature Theatre の頭文字）を創るなど、なかなかの信念と行動の人です。

その矢代先生、早稲田大学の仏文科の学生だった二十二歳のとき、東大の法学部に入ったばかりの十九歳の三島由紀夫を同行して三鷹に居を構えていた太宰を訪ねたのです。

その折、玄関に入るや、挨拶も十分しないうちに、太宰、何を思ったか、突然に激怒して、コップの水をいきなり三島青年にぶっかけたのです。

このことを後に矢代先生は、「あのとき、太宰は、三島の才能に嫉妬《しっと》した」とあちこちの文章に記しています。

私は、そのことを幸運にも、矢代先生から直接お聞きました。こういう話って、文学好きな人間にはたまりませんね。あのときの興奮は、いまでもはっきり覚えています。

ついでに言うと、矢代先生と三島が三鷹から東京に帰ると、そこに三島のお父さんがお坊ちゃまの三島青年を迎えに来ていたといいます。これも、ちょっと普通じゃないですよね。まあ、普通じゃないから作家になるんでしょうが……。

劇作家・矢代先生の〝奇談〟はいっぱいあるのですが、ここでは、私がある日、矢代先生宅をお訪ねしたときの話を一つ。

当時、山本七平《やまもとしちへい》という有名な評論家がおられました（皆さん故人になられましたが）。自らとなえた「日本教」に関する著書などで、とてもとてもご高名な当時を代表する文人でした。

その山本七平氏が、徳間書店の依頼で『旧約聖書』について、分厚い解説書を書き上げました。その「あとがき」を矢代先生が書かれたのです。

「これはタメになり、かつおもしろい」というたったそれだけの短いものでしたが、私が矢代先生をお訪ねした、その日の明け方に「あとがき」を書き終えたらしいのです。

矢代先生、それが嬉しくて、かつそのために読了した山本氏の『旧約聖書』に感動して、その明け方から、私が訪ねた夕方まで、ずーっとワインから始まってお酒を飲みっぱなしだったというのです。

いつものように、私がバラ一輪を手に玄関のベルをピンポンと鳴らすと、すぐに和子奥様が出てこられて（奥様いつも正装です。そうしないと矢代先生ご機嫌が悪いそうです）、ドアを開けると、家の中から「バンザーイ、バンザーイ、山本七平バンザーイ、旧約聖書バンザーイ」と大きな声で奇声が聞こえてきたのです。

酔っていたとはいえ、こんなに他人のことで喜べる人がいるでしょうか。いや、「酔っていたとはいえ」ではなく、「こんなに酔えるほど」人のことを喜べる人、と言ったほうがいいかもしれません。

和子奥様、小走りに階段を下りてこられて、「すみませんねー。朝からもう出来上がってしまっているんです」と恐縮されていると、さらに「オオゴシー、何をしとるー。オマエー、遅すぎるぞー」と奇声の追い打ちです。

矢代先生、すっかり、〝旧約時代〟に入っておられました。いいですね、こんな光景。芸術家はこうでなくてはいけません。だからこそ、太宰と気が合ったのでしょう。

矢代先生が三島を連れて太宰を訪ねたとき、太宰は三十四歳だったようです。それから五年後に彼は自死したのですね。

「ほんとうの幸せは、悲哀の川の底の底に幽かに光っている……」と口にしながら……。

人を喜ばせることを念じつつ、それで自分自身は喜べていたのかどうか。思うに、太宰は太宰流の幸せを生きたのだと思います。

「人を喜ばせることが、何よりも好きだった」太宰の姿は、人の幸せを我がことのように喜んで「バンザーイ」をくり返す矢代先生の姿に重なります。

二人ともおそらく、自分のことよりも人の心の中を流れ下る「悲哀の川」の底を、いつも見ていたに違いありません。

三章 「悲しみ」が人を育てる「逆境力（レジリアンス）」という考え方

人間にはもともと、「逆境を跳ね返す力」（レジリアンス）があります

人間が生きていくうえで、「悲しむ力」がとても重要な役割を果たすということを、意識的、あるいは無意識的に考えてきて、私は最近、一つの大きな目覚めを得ました。じつはそれが、この本を書く決定的な理由にもなったのです。

精神医学界で、この数年間、にわかに脚光を浴び、話題になっているある〝事柄〟（考え方・概念）があります。このコトバと出会って私はハッとしました。私がいままで考えたり行動してきたりしてきたことに、眩《まばゆ》いばかりの〝光〟を得た思いがしたのです。

それは、早い話、いままで述べてきた「悲しむ力」の重要性に、お墨付きが与えられたと確信ができたからです。これまで私は七十一年生き、四十年、悩める子らと過ごしてきて、懸命に日々を生きてきましたが、それが何のためだったのか、もっと端的に言えば、〝何〟だったのかがわかったからです。

そのコトバが、「まえがき」や一章でも少し触れた「レジリアンス」（Resilience）とい

う一語です。形容詞形は「レジリアント」(resilient)で、本書でもこの形で使うことがあります。この言葉は、「ストレス」(Stress)と同様にもともとは理工系の用語で、バネなどの「跳ね返す力」「復元力」「回復力」「耐久力」という意味らしいですね。

「レジリアンス」の語の初出は、イギリスのようで、『オックスフォード英語辞典』によると、一六〇〇年代から「跳ね返る、跳ね返す」という意味で使用されていました。

一八〇〇年代になると「圧縮された後、元の形、場所に戻る力、柔軟性」の意味に使用されるようになったそうです。ちなみに、「ストレス」の語もイギリスが初出で、同辞典によると一三九三年に「外力による歪み」という意味で使用されているそうです。

こうした理工学系の「レジリアンス」が、医学・生物学の分野にも取り入れられ、「逆境に耐えて強くなる力」といった意味で使われるようになりました。

たしかに自然界・生物界でも、この「レジリアンス」的な現象はよく見られます。

・まだ幼い麦の苗を踏みつける麦踏をすると丈夫に育つ。
・冬の厳しさに耐えてこそ木々の新芽は力強く芽生える。
・水が乏しいところで育ったトマトのほうが甘みが強い。

人間の生き方についても同様です。例えば私が、逆境にある子どもたちや親御さんにくり返し言ってきた言葉はどうでしょう。まさにこのことに当てはまりませんか？「ドン詰まりは出発点」「地獄は楽園の入り口」「苦労は買ってでもしろ」「貧乏に勝る教師なし」など……。

そう言えば、歴史上の人物の言葉やことわざにもこの考え方はよく見かけます。

「艱難汝を玉にす」（Adversity makes a man wise.〔Adversity ＝逆境〕）

「我に七難八苦を与え賜え」（衰退する主家再興を祈る武将・山中鹿介《やまなかしかのすけ》の言葉）

「底値鍛錬百日」（どん底にあった経営者を立ち直らせた言葉）

これらは、いずれも「逆境」が人間を強くする「レジリアンス」の考え方です。

そしてこの「レジリアンス」は、「逆境を跳ね返す力」「逆境力」とも言える考え方になって、私がこだわってきた「悲しむ力」が人間を育てるという考え方を、全面的にサポートしてくれるものになるのです。

言われてみれば、ごく当たり前のことでもありますが、この「レジリアンス」の力を見直そうという議論が、最近、精神医学界で沸騰しているというのです。

たしかに、そうすれば精神科的には、悩める人に安易に〝あなたには精神障害がある〟と言って、誤診をすることも少なくなるでしょう。

この精神科的考え方をまとめて言うと、「レジリアンス」とは、「逆境にあってもたくましく生きていくという人間が生来もっている能力」のことであり、私たちのほとんどは、この「レジリアンス」という能力を持っているということです。

個人的には、私はこの〝概念〟を得ることによって、大げさに言えば〝自分の人生〟の意味が明確になったとも感じているのです。

生意気なようですが、この〝概念〟を実証するのが、自分のこれまでの七十一年間であり、クタびれて訪ねてくる若者に、「元気が一番だ」「生きつづけるんだぞ」「幸せになれよ」と励ましながら過ごしてきた四十年の歳月が、間違っていなかったのだと確信できたからです。これまでの人生、山あり谷ありの雑多なものでしたが、それでもなぜか〝楽しかった〟と思えます。まだこの先も頑張りますが……。

また、不登校をして、自分の道を見失って、悩み苦しむ若者や、心配げにそれを見守る親御さんたちに〝救いの手〟を差し伸べるためにつくった小さな塾も、山カンでつくり、山カンを頼りに走ってきましたが、その道のりが科学的に見ても間違いではなかったのだと実証されると、とてもありがたいと思うのです。この「レジリアンス」という考え方を得て、「悲しむ力」もさらに〝力〟を増すことができそうです。

「逆境」が人間を強くする
「レジリアンス」は、
「悲しむ力」が
人間を育てることに通じます。

この能力は、誰にも備わっているものではありますが、
やはり個人差はあります。

「逆境力」(レジリアンス)が強い人と弱い人の差は、どこから出るのでしょうか

この「逆境力」とも言える「レジリアンス」の能力を、もう少し精神科的に言い換えると、「極度の不利な状況に直面しても、正常な平衡状態を維持することができる能力」となるそうです。そしてこの能力は前述したように、誰にも備わっているものではありますが、やはり個人差はあります。かつては先天的な特性と考えられていましたが、最近は状況によって増減することがわかってきました。

私が勉強した加藤敏先生や『続 解離性障害』(岩崎学術出版社)の著者・岡野憲一郎先生(国際医療福祉大学教授)の本から、参考になりそうな情報を紹介しておきましょう。

まず、逆境に強い人、つまり「レジリアンス」が強い人のイメージは——。

一、苦痛やイヤな体験にいつまでもこだわらない。
二、自尊感情を大切にしている。(後で述べる皮肉屋アランの言葉を参考に)
三、思考が柔軟で余裕がある。

四、どんなときも前向きな姿勢である。
別の観点から、「レジリアンス」を発揮している人の四つの特徴。
一、肯定的な未来志向である。
二、感情の調整（セロトニン効果）が上手。
三、興味、関心が多様である。
四、忍耐力が強い。
そして、「レジリアンス」を高めるための六つのファクター。
一、まず生まれながらの気質（先天的なもの）。
二、知能が高いこと（知性を高めること）。
三、周囲の大人と良い関係を持っていること（だから親との関係が大切なのです）。
四、良き指導者にめぐまれていること（それは私たち大人の役目です）。
五、模範的な同輩や先輩を持つこと。
六、宗教や信仰心を持っていること。
こうした情報から、自分が「レジリアンス」の強いタイプか、弱いタイプかを知り、「レジリアンス」を高める生き方の参考にしてください。

レジリアンス・モデルは、いままでの精神疾患モデルと違って、回復への期待が持てます

日本における「レジリアンス」研究のまとまった資料として、私が最初に勉強のテキストにしたのは、『レジリアンス――現代精神医学の新しいパラダイム』（加藤敏・八木《やぎ》剛平《ごうへい》編著、金原出版）でした。

少し難しくなりますが、ここで展開された「レジリアンス」の精神医学的位置づけを、精神疾患理解のための次の三つのモデルと比較して紹介しておきます。

要するに、これまで精神疾患からの回復を考えるときに、その原因に注目して、次の三つのモデルが挙げられていたのです。

一、脆弱性《ぜいじゃくせい》モデル
二、ストレスモデル
三、生物心理社会モデル

これに四つ目のモデルとして、「レジリアンス・モデル」が、つい最近加わったという

わけですが、まずはこの三つのモデルを簡単に説明しておきましょう。

一、脆弱性モデル――発病の原因が生まれつき「個体にすでに備わっている」というものです。このモデルは、統合失調症の原因理解で提唱されたもので、「身体に刻印された脆弱性のため、病気から解放されることはない」などという悲観論が支配的でした。

二、ストレスモデル――病因が特定のストレス（例えば、テロリストによる死の恐怖、ベトナム派遣されたアメリカ兵の精神失調）、ＰＴＳＤ（心的外傷後ストレス障害）などによるものです。このモデルも「過去の心的外傷に固執して前向きの治療が進まない」と、これまた悲観的でした。

ウチの塾でも、例えば父親から受けた体罰への恐怖が心的外傷後ストレス障害となって、引きこもりになった子どもなどがいます。

三、生物心理社会モデル――患者をとりまく社会的要因の相互作用において発症するもの。このモデルはすべての病因をとり込む包括的なパラダイムを持つことから、他のモデルの上位に位置するとみなされています。

不登校などにより発症する場合は、前にお話しした「池に浮かぶフナ」の例のように、このモデルがほとんどだと、私は考えています。

十四、五年前から、このタイプが急増しました。ほとんどが自宅に引きこもり登校(塾)不可です。で、ウチのスタッフが自宅訪問するのです。

いずれにしろ、いままでのこの三つのモデルでは、病気からの回復力が主題として問題にされなかったので、これと対照的に回復力がテーマになる**「レジリアンス・モデル」**が注目されるようになったのです。

つまり、「レジリアンス・モデル」は、「個人に備わる復元力ないし回復力を引き出すよう心がけ、統合的な観点から柔軟な前向きの仕方で治療に取り組む」ことが期待されるので、いままでの三つのモデルが回復に関して悲観的だったのに比べて楽観的なのです。

まさに「レジリアンス」は、研究書『レジリアンス』の副題にもあるように、「現代精神医学の新しいパラダイム」なのです。

「レジリアンス・モデル」は、
個人に備わる復元力ないし
回復力を引き出すよう心がけます。

マイナスからゼロを通り越して、
プラスにまで到達するのが「レジリアンス」なのです。

レジリアンスは、「逆境を跳ね返すのみならず、むしろ成長する」力のこと

前項に続き、『レジリアンス――現代精神医学の新しいパラダイム』で勉強したことですが、むしろここからが私の言いたい主題です。

同書によれば、「精神医学におけるレジリアンスの問題枠は、もともと子どもの成長過程の研究に端を発している」そうです。

アメリカの女性心理学者・ウエルナーが一九五五年より、ハワイで周産期（出産前後）に何らかの問題があった子どもたち六百九十八名を、身体面と知的面で、成人になるまでの長期追跡調査を試みました。

その結果、二百一名は明らかな危険因子を持ち、「脆弱」と評価されましたが、三分の一の子どもは、大変健康な成人に成長したというのです。

この健康な人たちをウエルナーは、「レジリアンス」の語を用いて評価し、これが精神医学領域で「レジリアンス」の語の最初の使用ということです。

何が注目されるかと言うと、同じように出産前後に何か問題を抱えていながら、約三分の一の子どもはそれを「レジリアンス」によって「跳ね返し」たということです。

そして私の見るところ、恐らくマイナスをゼロにするに留まらず、マイナスからプラスに、つまり「大変健康」な成人になったのではないかということです。

このことは、これも前にあげた『レジリアンス・文化・創造』(加藤敏編、金原出版)で触れられている、逆境を「跳ね返すのみならず、むしろ成長する」というケースに一致するのではないでしょうか。

ここにはまた、「にもかかわらず」(despite)という用語のことも出てきます。逆境「にもかかわらず」再生しているということですが、もっと言えば、「逆境にもかかわらず、それを跳ね返すだけでなく、むしろさらに成長している」、つまりマイナスからゼロを通り越して、プラスにまで到達するのが「レジリアンス」なのです。

「にもかかわらず」と言えば、以前読んだ本で、まさにこれと同じ考え方が述べられていました。「にもかかわらず」の思想、ドイツ語で「トロッツデーム」(trotzdem)の思想というのがあるそうです。

例えば、ナチスドイツの収容所での過酷な記録『夜と霧』で有名なV・E・フランクルの書いた『それでも人生にイエスと言う』（山田邦男・松田美佳翻訳、春秋社）という本があります。

その原題は、『Trotzdem Ja zum Leben sagen』（トロッツデーム・ヤー・ツム・レーベン・ザーゲン）、つまり、どんなに理不尽で耐えられない試練に遭っても、「それでも」、「それにもかかわらず」、もっと言えば「だからこそ」、そこで生きることを否定せず、人生に「ヤー」（イエス）を言う、人生を肯定して生きていく、という考え方です。

これなども、まさに期せずして「レジリアンス」を体現した生き方であり、さらに「レジリアンス」を発展させた重要な指摘を含んでいると思います。

それは、「にもかかわらず」から「だからこそ」への進化です。

つまり、「辛い人生にもかかわらず」ではなく、むしろ「辛い人生だからこそ」生きる、生き抜く価値がある、そこから得るものが大きい、ということです。

この点に関しては、また後の項でお話しします。

誰にでもありうる心の危機
「四つのF」や「多重人格」に、レジリアンスはどうはたらく？

「まえがき」で挙げた「レジリアンス」が求められるさまざまな状況の中で、心の問題、精神的トラブルを抱えた人の例として、「多重人格」、難しく言うと「解離性同一性障害」についての実例を挙げてみます。

じつは、「多重人格」と言葉に出して言うと、現代では何か恐ろしげに聞こえますが、こうした「心の不思議」、つまり一人の人に別の人格が住み込む、宿るという考え方は、昔はむしろ自然だったのです。

しかし現代では、正常と言われる人たちの間で恐れられ、本人もそれを恥じたり隠したりしなくてはならなくなって、そのジレンマに苦しみます。

これは、私の塾に来た、当時十七歳の女性の話です。彼女は、私が以前まとめた『自分気づきの旅』（柏樹社）という本に、「私は三重人格者だった」という手記を寄せてくれました。十八ページにもなる長いものですが、要約してご紹介しましょう。

——私が、決定的に不登校になったきっかけは、中学二年のときのクラス委員選出で、副委員長に推されたことにありました。なぜか委員長は男、副委員長は女ということになっていたのですが、委員を積極的にやろうという人はいないので、選ばれた委員長は仕事をしません。したがって、雑用のすべては、立場の弱い副委員長に回ってきます。

ですから、私は、やる気のない男が委員長になるよりも、選ばれたからにはきちんとやろうという女がやるほうがいいと思いました。ところが、担任教師は、私が委員長にも推薦されていることを無視しました。それが口惜しくて、抗議の意味を含めて学校を休むようになったのです。

ときが解決してくれるような気がして不登校を続けたのですが、そのうち、自分の中に、何かはっきりしない不満があることに気づきました。あらためて、自分を見詰めてみると、次々と疑問がわいてきました。なぜここにいるのか？　自分は何をしようとしているのか？　何にあこがれているのか？　すべての存在の源は何なのか？

そんなとき、「人間は、自分を騙《だま》せる唯一の動物である」という文章を目にして、私は自分を騙していたのだということに気づきました。

そのときから、私は自分の名前に拒否感を持つようになりました。周囲の人々が私の名前から連想する人格は私ではないと思ったのです。そんなとき、目についたのが、「男尊女卑」をテーマにしたある雑誌でした。

中でも興味を引かれたのは、男性に性転換した女性の告白ルポでした。思い返せば、昔から女性とのつきあいが苦手で、男の子と一緒にいるとほっとする私でした。私は、この告白ルポに私を見つけたのです。

しかし、この告白に魅力を感じたものの、誰からも愛されたいと願う私には、自分にある男性性を明らかにできるだけのパワーはありませんでした。

こうして、自分を騙し続けた結果、私の中に、既成の価値観を否定する攻撃的な自分と人に見せてきた良識的な自分が現われ対立するようになりました。思えば私は小学生のころから、優等生的なところと挑戦的なところと、二つの面を持っていたのです。やがて、その二人をまとめようとして泣いているもう一人の自分が出てきました。

私は、まるで芝居を観ているように、この三人を演じ分け、その対立のさまを書きつづりました。そして、あるときふと、既成の価値観に疑問を持つようになりました。

悪はほんとうに悪なのか、善はほんとうに善なのか、考えていると混乱するばかりでした。中三の私は、何を信じればいいのかがわからなくなっていたのです。

そして、そんな状況を打破しようと挑戦した高校受験に失敗したとき、私は優等生としての私を壊したように思え、むしろすっきりしたのです。不思議な勝利感でした。

そして、世間にあわせ優等生を演じていた自分を捨て、私自身になるために、何かを始めなければならないと思うようになったのです。そのエネルギーのはけ口を求めて『学校に行かない進学ガイド』という本で発見したのが、「師友塾」でした。

動物的な直感だったのでしょう、翌日、私は、師友塾の前に立っていました。この直感は大当たりでした。同年輩の人も先生方も、じわじわと私の心を癒《いや》してくれました。中でも、大越先生に言われた「高い目標をしっかり持てば、人格は一瞬にして変わる」というひと言は、私を落ち着かせてくれました。「性転換」への固執も消えていったのです。

さらに、「自己イメージと他己イメージのずれをなくすことも相手に対する親切だ」という言葉に勇気づけられる思いがしました。私は、長いこと、他己イメージにあわせようとして自己を偽ってきたからです。

師友塾に来て、いろいろなことを教えられて、私はいま自分に対しても、世間に対しても素直になろうと思えるようになったのです。いまの私は、まだまだ成長できる自分を信じているのです。——

こうして彼女は立ち直って、いまも元気に働いていますが、彼女が立ち直れた理由は、まさに「レジリアンス」の考え方で説明できます。

まず言えることは、彼女は自分の苦しみ悲しみをごまかさないで、その悲しみ苦しみを十分に悲しみ苦しんだと言えます。つまり彼女には「悲しむ力」があったために、逆境を跳ね返す「レジリアンス」がはたらいたのです。

あなた自身やあなたの周囲に、「レジリアンス」で考えると謎《なぞ》が解ける顕著なケースとして、「外から攻撃を受けたときの四つの反応」（四つのF）というのがあります。

A　不動反応二つ

一、身を硬くし、一切の動きを止める——Freeze

二、強直反応、死んだふりをする——Fright

B　動的反応二つ

三、闘争反応、向かって行く――Fight
四、逃避反応、逃げる――Flight
例えば、強いストレスがかかったとき、一瞬、暴れまくるのですが、その暴発が収まると、ケロリと忘れてしまう症状なども、四つのFの中の「動的反応」の闘争反応と逃避反応が相ついで現れたケースと言えるでしょう。

いま私の身辺に、三、四人こういう子（男女とも）がいます。何かの刺激で激昂《げきこう》すると、二時間位、家の中の割れ物をバンバン叩きつけて割り、あとはケロッとして、覚えていないというのです。

親御さんはオロオロするばかりで、手に余るとその子は精神科に連れていかれます。しかしほとんどの場合、あまり効果がないのです。

そして一章で述べたように、ついには親が「知らんぷり病」に逃げてしまい、「悲しいこと」を「悲しむ」ことができなくなってしまいます。「逆境」を「逆境」として大事にしない限り、その子は「レジリアンス」を発揮できないのです。

「レジリアンス」的対応をするなら、大変でしょうが、この子の苦しみ悲しみを大事にして、真正面からがっぷり四つに組んで問題を直視することです。

彼女の多重人格も、
「逆境」として大事にされたために、
克服されました。

「にもかかわらず」その、「かなしい心」を
持ちつづけた詩人は、自分の世界をつくっていきました。

自尊心が強く、「なぜ生きるか」考えざるをえない人間には、レジリアンスが必要です

皮肉屋として知られる十九世紀生まれのフランスの思想家アラン（一八六八〜一九五一）は、人間の「不信」についてこう言っています。『アラン・人生論集』（串田《くしだ》孫一《まごいち》編、白水社）からの引用です。

「人間は、自分の見ることはそれほど信じない。それどころか、まったく信じないのであり、見るとはじつにこの不信にほかならない」

前述した「レジリアンス」が強い人のイメージの中に、「自尊感情を大切にしている」というのがありました。この自尊感情、言い換えれば自尊心についても、この皮肉屋アランは同書「嫉妬」の項で次のように揶揄《やゆ》しているのです。

「自尊心は、折り合うことも妥協することもできない代物である」

こう言われてしまうと、「自尊心」ほど厄介なものはないと思えてしまいますよね。たしかにアランの言うことにも一理あるでしょう。それでも、私は〈自尊心〉は大切だと思います。自分を尊敬できない人は、他人も尊敬できないと思うからです。

『氷点』で有名なクリスチャン作家の三浦綾子さんが、自伝小説『道ありき』〈第一部〈青春編〉、新潮文庫〉の中で次のように記しています。

「何のためにこの自分が生きなければならないか、何を目当てに生きて行かなければならないか、それがわからなければどうしても生きて行けない人間と、そんなこととは一切関《かか》わりなく生きて行ける人間があるように思う。わたしはその前者であった」

この四十年、私を訪ねてくる若者たちは、ほとんどの子がこの三浦綾子と同質の人間でした。「自分が何のために生きるか」などということを、大真面目に考えてしまう、そういう問題が気になって仕方がないという本質論者的な人間は、軽薄を良しとするいまの世には、本当に生きにくいと思います。

自尊心が強いということは、そういうことでもあるのです。そんな面倒な問題が気になる自分がいやになって、一時《いっとき》は気楽になろうとするのだけれど、それは自尊心が受け付けません。

気楽に生きている友人や周囲の人たちからは、つまらないことに悩んでいるヘンなヤツと思われるかもしれません。のけ者にされるかもしれません。

しかし、「にもかかわらず」自分の自尊を大事にして、「なぜ生きるのか」を気にする自分を貫き、周囲との違和感に耐えるのが「レジリアンス」的な生き方なのです。

つまりそうして耐えているうちに、道が開けてくるのです。光が見えてくるのです。

詩人・中野《なかの》重治《しげはる》が、旧制の第四高等学校の学生だったころに、次のような詩を書いています。

「わたしの心はかなしいのに
ひろい運動場《うんどうば》には白い線がひかれ
あかるい娘たちがとびはねている

わたしの心はかなしいのに
娘たちはみなふっくらと肥えていて
手あしの色は白くあるいはあわあわしい栗いろをしている
そのきやしやな踵《かかと》なぞは
ちようど鹿のようだ」

——『中野重治詩集』所載「あかるい娘ら」岩波文庫

どうです、この瑞瑞《みずみず》しい感傷。

「わたしの心はかなしいのに」、外の世界では「あかるい娘たちがとびはねている」というこの心のギャップに、「それにもかかわらず」作者は耐えています。

「かなしい心」を持ちながらも、娘たちの「ふっくらと肥えて」「手あしの色は白くあるいはあわあわしい栗いろをし」「そのきやしやな踵なぞはちようど鹿のよう」という若々しさに、作者は憧憬の眼差しを向けています。

悲しい心が邪魔をして、すぐにはそうした明るい世界には入っていけないでしょう。しかし彼だってまだ旧制高校の学生ですから、青春まっただ中でしょう。できることなら、この「あかるい娘たち」と交歓したいと内心では思っているのです。

でも、恐らく彼は安易にこのジレンマを解消しないでしょう。「かなしい心」を持ってしまったのが詩人としての中野重治なのですから……。

「あかるい娘」たちの世界に憧れながらも、入っていけない。「にもかかわらず」、その「かなしい心」を持ち続けるのが、彼が彼であり続けることになり、詩人としての自分の世界をつくっていくことに繋《つな》がるでしょう。

言い換えれば、彼は「悲しむ力」を持っていた、「苦悩する力」を持っていた、ということになります。

もちろん、すべての若者が彼のようであるとは思いません。

ちょっとのためらいの後に、すぐ「あかるい娘」たちの元へ走る人もいるでしょう。走れないまま、孤独を選ぶ人もいるでしょうが、それも素晴らしい！

若いということは、こういうことです。苦かろうが甘かろうが、どちらにしても、このような〝若さ〟を取り戻してほしいがゆえに、私はこの四十年、悩める子らと共に歩んできたのです。

逆境を生かせるレジリアンスが高い人たちには、「愛着障害」がありません

「レジリアント」な能力を考えるうえで見過ごせないものの一つに、「愛着障害」があります。「愛着障害」があると、「レジリアント」が十分に育たないという一点で関係があるのです。

「愛着理論」の生みの親は、イギリスの精神科医ジョン・ボウルビィで、

――「愛着障害」のない人はレジリアンスが高い。

と指摘しているので、ここで「愛着障害」について、話しておきましょう。

以下、『愛着障害』（精神科医・岡田尊司著、光文社新書）から箇条書きにしてみます。

＊人間が生きていくうえでもっとも大切なもの――それは安定した愛着である。

＊愛着とは、人と人との絆《きずな》を結ぶ能力であり、人格のもっとも土台の部分を形づくっている。

＊人間はそれぞれ特有の愛着スタイルを持っていて、どういう愛着のスタイルを持つかに

よって、対人関係や愛情生活だけでなく、仕事の仕方や人生に対する姿勢まで大きく左右される。

＊安定した愛着スタイルを持つことができた人は、対人関係においても、仕事においても、高い適応力を示す。

以前に、私の主宰する「母の会」で「愛着障害」について話したとき、母親の役割としてもっとも大切なキーワードは、子どもにとっての「安全基地」だと言いました。これも箇条書きにしてみます。

＊人間は、心の〈安全基地〉を持たないと情緒不安になる。

＊お母さんは、不安な子どもの〈安全基地〉にならなくてはならない。

＊不安な母は、自分自身の情緒安定のために、何らかの〈安全基地〉を持つ必要がある。

そしてこうしたことを実現するには、このような会や、お母さんたちが自主的に集まる「エプロンルーム」や、私が毎週やっている「ヒューマニティ・セミナー」などが役に立つと話しました。とにかく、〝孤立〟が一番よくないのです。

ここで、余分なことですが、お母さんの情緒不安度をチェックしてみましょう。次の十の質問のうち八つ以上に○がつけば超不安、五つ以上つけば要注意です。

〈愛着障害・十の病理〉

一、対人関係において、相手との距離が近すぎるか遠すぎるか、どちらかに偏ってしまい、ほどよい距離が取れない。

二、物事をネガティブに受け止める。よってすぐにヒステリックに反撃したり、逆に内向的になりうつ的になる。

三、物事に対して、神経過敏になりすぎる。自律神経のトラブルになりやすい。

四、怒りを表すとき、相手を精神的、肉体的に痛めつける。

五、物事に対して、全か無かの二分化的に認知するくせがある。

六、物事の全体よりも部分にこだわるところがある。

七、相手の気持ちに対して共感性がうすい。

八、過度に意地を張るところがある。

九、向上心や自己肯定感に乏しい。

十、傷つけられたことに対していつまでも長くこだわる。

つまり、お母さんが不安定であると、子どもはもっと不安になるのです。まずお母さんが、心の中に一日も早く〈安全基地〉を持つことです。

心の中に〈安全基地〉を持つ子は、「チャレンジ精神に富み、冒険心がより盛んで、将来が大いに楽しみである」と、専門家も指摘しています。

子どもにとっての〈安全基地〉についても、次のように言えます。
一、普通の子は、親、家庭、学校が基地になる。
二、不適応気質の子は、親や家庭が基地になりにくい。よって、他の教育機関など代役を探すこと。
また、〈安全基地〉の五つの条件として、次のものをあげています。
一、ほっとできること。
二、悩みを感じ取ること、共感性。
三、適度に反応すること、反応能力。
四、自分自身（親自体）が安定していること。
五、何でも気楽に話せる雰囲気があること。
じつを言うと、これらのことに気を配りながら、私も毎日を過ごしているのです。
私がずっと何を目指してきたかというと、たった二つのことしかありません。
一、不安な子どもたちにとって、〈安全基地〉になってやること。そうすれば、子どもは元気になり、将来に向かって大きく羽ばたくでしょう。

二、人間としての〝心根〟を育てること。この清らかな〝心根〟があれば、その子は幸せに（人に好かれて）なれるからです。

「人間は、心の〈安全基地〉を持たなければ情緒不安定になる」

このことを、お母さん方は深く深く理解することです。

こうして「愛着障害」から無縁になれば、たとえ厳しい逆境に見舞われようとも、「レジリアンス」の機能がしっかりとはたらきます。そして、その逆境を十分自分の栄養分としながら、次のステップへ上がっていけるのです。

「愛着障害」が消えれば、
厳しい逆境にも、
「レジリアンス」がしっかりと
はたらきます。

「〈おんぶ〉に〈だっこ〉、〈添い寝〉に〈オッパイ〉」が
あれば、子どもは少々の困難にもへこたれません。

「愛着障害」の対策としては、「〝母ごころ〟に勝るものなし」です

前項のような話を、世のお母さんがたが耳にされたら、「ずいぶん難しいことを求められているんだなあ」と思われてしまうかもしれませんね。

でも、「愛着障害」の問題は別にお母さんだけに限ってはいませんし、ましてこの本のテーマは子どものことだけではありません。一般の大人に向けても訴えているのです。

しかも、前項でお話ししたように、「レジリアンス」と「愛着障害」が、とても深い関係にあるという専門家の指摘もあるので、もう少しこのテーマを続けます。

お母さんにとって、子どもの「愛着障害」に対する対策で、もっとも身近で最良の方法をお話ししましょう。

そのテーマは、ひと言で言って、「〝母ごころ〟に勝るものなし」です。

私自身が〝母ごころ〟とは何であると考えているか、それを端的に表わすこんなものがあります。

それは、師友塾における私のつぶやきのような言葉を集めてつくった日めくり式の書籍、『Day-to-Day Notes from My Heart ——心のカレンダー』（文芸社）の私の誕生日「四月七日」のページに記した言葉です。

「〈おんぶ〉に〈だっこ〉、〈添い寝〉に〈オッパイ〉。なつかしいねえ。ボクなんか七歳までオフクロのオッパイにぶらさがっていたんだから。これ、元気のモトなんです」

事実、私にとって〝母ごころ〟はこれなんです。

私はほんとうに七歳まで母親のオッパイにぶらさがろうとし、母親もそれを受け入れてくれた、そのお蔭で元気に育ったと思っています。

元気に育っただけでなく、少々の苦労があっても、むしろ「苦労は買ってでもしろ」という、まさに「レジリアンス・スピリット」で生きてこられました。

難しいことではなく、お母さんたちがこの〝母ごころ〟をもっと大事にして、「〈おんぶ〉に〈だっこ〉、〈添い寝〉に〈オッパイ〉」の気持ちを思い出してくれれば、子どもの心は少々の困難にもへこたれないどころか、困難をテコにしてたくましく成長する子になってくれるはずなのです。

ところがです。このごろは、その肝心なお母さん自身が情緒不安で「愛着障害」に侵されている場合が多いのです。大切なことなので、もう一度振り返ってみたいと思います。

前項で挙げた〈愛着障害・十の病理〉と併せて、〈愛着障害・八つのなぜ〉を挙げておきますので、自分にあてはまるものがあれば、一つでも減らす努力をしてみてください。そうすれば、子どもや周囲からの「愛着」に応えやすくなるはずです。

〈愛着障害・八つのなぜ〉

一、なぜ、人にばかり気をつかうのか？
二、なぜ、自分を素直にさらけ出せないのか？
三、なぜ、いつもさめていて、何事にも本気になれないのか？
四、なぜ、損だとわかっていても意地を張るのか？
五、なぜ、人と交わることを楽しめないのか？
六、なぜ、失敗することを異常に怖がるのか？
七、なぜ、本心をかくして人と合わせるのか？
八、なぜ、いままで経験のないことをすると不安を覚えるのか？

「〝母ごころ〟に勝るものなし」は、洋の東西、時代の古今を問わず普遍的なもののようです。それだけ人の子というものは、「母を慕う気持ち」が強いということでしょうね。アニメの『母をたずねて三千里』のマルコ少年の姿が感動的です。イタリアのジェノヴァから母親に会うために、はるばるアルゼンチンまで一人で旅をするマルコ少年。私たちも同じような心情を持つがゆえに、感動を覚えるのでしょう。

そうそう、思い出しました。歌人・斉藤茂吉《さいとうもきち》の処女歌集『赤光《しゃっこう》』がまたいいですね。母危篤の知らせを聞いて、母に一目会いたいと、故郷の山形に駆けつけるところから、つきっきりで看病した末に最期を看取り、焼き場で母のお骨《こつ》を拾い、悲しみをかみ締めているところまでを切々と歌っています。

同歌集中、「死にたまふ母」と題した五九首の中から。

「みちのくの　母のいのちを　ひと目見ん　ひと目見んとぞ　ただにいそげる」
「死に近き　母に添寝《そひね》の　しんしんと　遠田《とほた》のかはづ　天に聞こゆる」
「我が母よ　死にたまひゆく　我が母よ　我を生まし　乳足《ちた》らひし母よ」

この歌は、過ぎし日の私の講演会の折に壇上で黒板に記しました。私の母の想い出を重ねながら……。この年になってなお、母から与えられる力のいかに大きいかを実感しています。その意味でも、「愛着障害」が「レジリアンス」を左右することを、改めて思います。

古今東西、母親が安心と抱擁で子どもを包むことで、子どもは母親との間にゆるぎない愛着を育むことができます。そして、基本的安心感や信頼感を育んでいきます。

それは、物心がつくよりもはるか以前の体験であり、ほとんど自分の記憶からは思い出せないレベルの刷り込みによって、脳の奥深くに組み込まれるのです。

いま子育ての只中にいる親御さんたちにとってはもちろんですが、すでに思春期や青年期を迎えた若者から、私のような熟年世代まで、「レジリアンス」の観点で、改めて親との関係、とくに母親との関係を見直してみてはどうでしょうか。

四章

私も「悲しみ」「苦しみ」の逆境に育てられた

五回も死にそうになる体験をして、名作を残したヘミングウェイ

私は文学と英語が好きだったので、大学では英米文学科で学び、そこで前述のアンダスン、ホイットマンとともに、アメリカが世界に誇るアーネスト・ヘミングウェイという文豪を知りました。いま考えれば、彼こそまさにレジリアントな人間の典型です。

彼は、一八九九年、アメリカのイリノイ州で、医者の父と音楽家の母の間の二男四女の第二子・長男として生まれました。

名作『武器よさらば』『誰がために鐘は鳴る』などを発表し、映画化され、一躍世界的に有名になり、不朽の名作『老人と海』を発表した翌々年にノーベル文学賞を受賞しました。私生活でも、三度の離婚など何かと話題のつきない作家でしたが、まさに、彼こそレジリアント人間です。彼は生涯で五度負傷して死にかけています。

一度目は、十九歳のとき、彼は両親のはざまで悩み、結局大学に進まず、自ら望んでアメリカを脱出し、イタリア戦線に加わり、赤十字野戦病院輸送車の運転手を志願しました。

その折、敵の追撃砲弾を受け、一瞬気を失いますが、生き残ったイタリア兵を背に塹壕《ざんごう》に逃げ込みました。そのとき、両足に、二百三十七個の破片を残すという大けがをするのです。背中のイタリア兵はすでに息絶えていたとか。

第二の負傷。二十五歳のとき、スペインの闘牛場で闘牛士として腕を試してみたくなり、それから五年、それをくり返し、何度も命拾いをしたようです。

第三の負傷。作家ドス・パソスと同乗中の車で事故（モンタナ州）、腕が折れ重傷、骨の先端が腕の二頭筋を切り裂いて腐敗し、不眠の夜が続きました。

第四の負傷。四十五歳のとき、ロンドンでのパーティの帰り、ジープで送られましたが、運転手が路端の水槽に激突し、記録的な大けがが、五十七針縫ったといいます。

第五の負傷。妻を同行し、アフリカに旅行。そのとき二度の飛行機事故に遭います。鳥の大群を避けるために下に舵を取ったところ、廃線の電線に引っかかり不時着。妻は肋骨を二本折りました。すぐに救援機が来ましたが、それがまたしても大麻畑に突っ込んでしまいます。この世間を騒がせた事故は、海を渡って日本の『文藝春秋』誌、昭和二十六年六月号に載りました。

このように何度も死にかけるのですが、不思議と生きながらえ、その体験をもとにして、また作品に書くなど、まさにレジリアントな人物です。

このような劇的な人物が、この世にいるというのは、若かった探究心の盛んなころの私にとっても、刺激的な「知の出会い」でした。

何度も死にかけたヘミングウェイのこのような経験が、彼のその後の作品に反映しないはずがありません。単に作品の題材という意味だけでなく、彼の人間性がそうした経験によって磨かれた面が否定できないと思います。

こうした不運を不運で終わらせない、逆境を逆境で終わらせない人々は、「レジリアンス」のお手本、教科書のようなものです。

この章では、人生におけるこうした経験の意味、とくに辛く苦しく悲しい体験が、人の一生にどんな影響を与えるのか、「悲しむ力」や「レジリアンス」の、理論だけでない実例を、私の実体験をもとにしてお話しします。

不運を不運で終わらせない人々は、
「レジリアンス」のお手本、
教科書のようなものです。

私の場合、逆説的な言い方になりますが
〝病気〟が〝命〟を与えてくれたということです。

私の〝幸せを招く不幸〟の始まりは、少年時代の失明の危機でした

まず、なぜ私が大学職を辞して、小さな安定しない塾設立に突き進む決意をしたのかなど、私の病歴を語りながら話をさせていただきたいと思います。

ここから、私自身の〝レジリアントな人生〟が見えてくると思うからです。

運よくも、私は今日までに五十二冊の本を出版してもらっています。

売れ筋では、十一年前の『6000人を一瞬で変えたひと言』（サンマーク出版）でしょう。①、②合わせると二十万部近いといいますから（これとて大したことはありませんが……）。

パンチ力では、その前年に同じ出版社から出してもらった『赤飯の本』でしょう。正式には『子どもが学校に行かなくなったら赤飯をたきなさい！』という長ったらしいタイトルですが、販売店では『赤飯の本』と略していたらしく、タイトルが刺激的だったので話題にはなりました。いまでも、その本を手に塾に訪ねてこられる人がいます。

しかし、思い出的には、やはり処女出版の『独房論・青春残像』（探究社）です。

この本は二十九歳から三十歳の時期、深夜から夜明けにかけて（当時、奈良の妻の実家に女房と三人の子どもを残して京都に独居し、そこから早朝、奈良の帝塚山女子短大に専任講師として通っていました。つまり、ていのいい家出です）、それこそ大げさでなく死に物狂いで、日本文芸史に坂口安吾の『堕落論』に次ぐ大越俊夫の『独房論』として残すのだと、本気で意気込んで書きました。

当然、自費出版の形ですが、思い出は一番ですね。で、この一冊を片手に「師友塾」を興し、世に打って出たのです。改めて考えてみれば『ひと言』も『赤飯』も、「師友塾」も根は同根、『独房論』です。

私は人様に、「師友塾」と私の関係を話すとき、「師友塾と三十歳のときに出会いました」というのが口ぐせなんです。自分で確かに「創《つく》った」のですが、感覚的には「出会った」と言ったほうがピッタリだからです。

いま思えば、この「出会い」には、自分のこれまでの〝病〟と関係が、というよりも切っても切れない〝地続き〟のような関わりがあるように思えます。つまりいろいろな〝病気〟にかからなければ、自分の〝命〟である「師友塾」との縁はなかった、つまり逆説的な言い方になりますが〝病気〟が〝命〟を与えてくれたということです。

そして〝病気〟が〝不幸〟なことならば（不幸だから一日も早く治るよう祈るのでしょうから）〝不幸〟が招いてくれた〝幸せ〟ということになるでしょうか。

ガキのころはいたって元気でした。「貧乏ヒマなし」で、病気にかかるひまなどなかったのでしょう。その元気がもとで、病気ならぬ大けがをしたのです。

中一のことです。ゴム銃で左眼を撃たれて失明しかかったのです。百八段の長い石段を持つ西國寺という、西日本一の大きなお寺さんの裏山のテッペンに〝タンク岩〟という名所（子どもにとっては）があるのです。

尾道出身の有名な映画監督の大林宣彦《おおばやしのぶひこ》氏が、かつてテレビ番組の「私の聖地」か何かのタイトルでそこを訪ね、全国放映されたくらいです。その番組を見たとき、「そこはオレの聖地や。ひとり勝手に話すな」と思ったのを覚えています。

そのタンク岩で、チャンバラごっこならぬゴム銃で〝銃撃戦〟をやっていたのです。ほとんど毎日。いま考えれば、危なくてアホなことをして遊んでいたものですが……。

タンク岩を占拠して、エッにいっていた瞬間、左下から飛んできたナマリ弾が左眼を直撃したのです。その瞬間、私は岩から数メートルふっ飛んだようです。自分には記憶ありませんが。それくらいの衝撃でした。

その夜、その友だちと近所の〝お好み焼〟屋で、ジュウジュウと焼いていると、左眼奥がズキンズキンと痛みだし、店のおばちゃんが、「トッチャン、眼から血が出てるよ」ということで即入院、手術で半年、病院にいました。

運よく大事には至りませんでしたが、いま思い返すとゾッとします。

中三のとき、野球部にいて、四番打者でけっこう花形選手だったのですが（ちょうどその年、四つ年上の三兄が阪神タイガースに入団し、地元で話題になっていたのです）、練習中、同僚の振ったバットが左ヒジに当たり、きつい腱鞘炎《けんしょうえん》で接骨院通いです。

けっこう長くかかりました。この治療院は、いまも尾道の長江にあるのですが（懐かしいです）、そこのテレビで初めてあの大鵬《たいほう》関を見たのです。

十九歳でデビューしたばかりの、長身で色白の細い力士でした。相手はデップリ型の若《わか》秩父《ちちぶ》です。押されてもうダメかと思いきや、押し返して「タイホー」の勝ち名乗りです。

その大鵬の実家が、その後、いつも北海道の夏季合宿で世話になっている弟子屈町《てしかがちょう》にあるんです。いつもお世話になっている大きな文化センター（巨大ですよ。なんでこんな田舎にこんなものがあるんだ、と思うくらい）の入り口の広いロビーには、等身大の第四十八代横綱の写真が飾ってあります。さらに、塾生が長期合宿で常宿にしている国民宿舎のまん前が、大鵬関の「記念館」なんです。

これもけががもとのご縁とでもいうんでしょうか。

入院仲間が七人も死んだ肺浸潤《はいしんじゅん》、そして工場での大けがからも生き延びたのはなぜ?

高一のとき、生涯で一番しんどかった(当時、当人にはその自覚が薄かったですね。のんきなものです)肺浸潤、つまり肺結核(テーベー)にかかったのです。

特待生として特別な奨学金をもらって喜んで入学した矢先、学内の集団検診で引っかかったのです。

九月に入院し、およそ一年。これも運よくいい薬に出会って、(抗結核薬のパスは毎日、ヒドラジットは週二回、この年、ドイツから出た効き目抜群のカナマイシンという抗生物質は、私は使いませんでしたが、あるというだけでホッとしました)早く全快し、学校も留年はしましたが、翌年の九月から通えるようになりました。

しかし、かつての野球少年の筋骨隆々の体はもう過去のもので、すっかり文学少年に変身していました。

一年の入院中に、同病者が七人も他界したのです。二、三日前まで囲碁や将棋を教えてくれていたおじさんが、骨になっているんです。長い箸《はし》で納骨したのをよく覚えています。ノド仏が黄色になっているのは、きつい薬のせいだと教えてもらいました。

「死の概念」の前に、「死の現実」を突きつけられたのです。これは十五歳の少年には厳しい（きつい）体験でした。自室の人たちの会話もきつかったですね。

「オレ、ここに八年や」「おっそうか、オレもう十四年目や」「あの人、ここの主みたいな和服を着ている人、二十四年目らしいな」などなど。

この病室からはもう巷には出られないんだと思うと、お先真っ暗なんですが、なぜかしら、その病室で撮ったベッドの上での写真が、それが明るい表情なんですよ。

当の私は、まだ現実がピンときていなかったのでしょうね。「レジリアンスの能力の十四％は天性のものだ」と医学書にありましたが、私は運よくも、その十四％のうちに入っていたんでしょうか。

まあ、根が楽天というか、ノウ天気なので、それが幸いしたのでしょう。でも、このときの一年は、いま思うと「師友塾」との出会いの決定的なものだと確信します。

高卒後（工業高校・機械科）、鐘紡（現カネボウ）の大阪工場に入社し、そこでまた大けがをしました。

パープル・レンジという長さ七十六メートルの大きなノリ抜き機の担当になり、三交代で働いていました。入社して四ヵ月目のことです。

その機械の二階にある高温の、およそ百二十度の部屋の中で反物が切断され、それを取り出さなければなりません。そのため、その部屋の窓を外さなくてはいけないので、二階に届く足場に登り、幅一・五メートル、高さ七十センチぐらいの分厚い鉄板を二人でヨイショと開けたのです。

その瞬間、中から高圧高温の空気が噴出して吹き飛ばされ、右足を足場から踏み外しました。右足の股間の付け根を強く打って大量出血し、すぐに工場内の病院で治療を受けました。

二十数針縫いましたが、そのとき医者から「ひょっとすると、生殖能力を失うかも」と言われました。しかしその後、三人の子どもの父になっていますから、これも運のいいほうに動いたのでしょうね。

私の「悲嘆」や「レジリアンス」のもとになった災難はまだまだ続きますので、もう少しおつきあいください。

レジリアンスの能力の十四%は
天性のもの。
私は運よくその十四%に
入っていたのでしょう。

病気をくり返した「にもかかわらず」より、
病気をくり返した「からこそ」人より健康になったのです。

うつから失声症、最後は膀胱《ぼうこう》がんという〝病〟の連鎖が私にくれたもの

鐘紡時代、肉体が痛めつけられた病気やけがが辛かったのはもちろんですが、それよりも、ちょうどそのけがのころから、心というか神経が弱り、このままここで工員を続けていいのだろうか……などと、人生に悩み始めました。

工場内の病院に行きましたが、そこでは手に負えないということで、大阪の上本町六丁目にある大阪赤十字病院の神経科に通うようになりました。

軽いうつだったようですが、ある日、そこの男っぽい女医さんにこう言われました。

「オマエの人生だ。好きなようにしたらいい」

私はこのひと言で目が覚め、発奮し、大学進学に舵を切り替えました。九月から夜間の予備校に通いはじめたのです。三交代勤務の合間を縫ってです。金なし学力なし体力なし(肺病上がり)の「ないないづくし」からのスタートです。ここから先は『独房論』に詳しいのです。

次は、大学に入って三年目の正月のことです。母代わりのような長姉が鳥取県の米子市にいたので、私は、小学校五年生から毎年、夏休みと冬休みは米子の姉宅で過ごしていました。その年もそこで正月を過ごし、明朝、大阪の下宿に帰るというその日に異変に気づきました。

朝、おしりにデキモノのようなものを見つけたのです。で、雪の中、自転車に乗って、軽い気持ちで外科を訪ねました。すると一時間後、手術になってしまい、明日大阪に帰るというのに、うむを言わせず切られてしまいました。

医者いわく、「医者として当然のことをしたまでです」。病名は「痔《ぢ》ろう」です。これが元で、その後、痔の手術は五回しました。何も自慢にはなりませんが……。

何とか大学を終え、大学院に進み、結婚し（あっ私、言い忘れていましたが学生結婚だったんです）、女房の奈良の家に居候して、表面的には順調だったのですが、心の中は相当傷んでいたようです。

月に一回は、偏頭痛を伴う貧血で倒れ、自宅に主治医に来てもらい点滴。これで大体、十日は寝込みます。三ヵ月に一回はひどい下血です。なぜか首の後ろが重くなります。このくり返しで、人間ドックにも十回入りましたが原因不明でした。

でも、元気なときもあって、気がつけば上京して国会図書館で「東京裁判」のことを詳しく調べていましたね。大学院の専攻はアメリカ文学なので関係ないのですが、なぜか関心はそちらに向いていていました。

ここらあたりの動き（心情）が、偏頭痛と関係があったと、いまは思います。

博士課程の最終年、心の病はとうとう天井をつき、声の出なくなる「失声症」になりました。当時はこの病名はなかったように思います。

物書きの友人が、「胸中を文章にしてみたら」と言うので、京都に一人で行き、友人の倉庫のような部屋を借りて、千五百枚、ひたすら書きつづけました。七百五十枚書いたころ、声が戻ってきました。これが『独房論』になるのです。

これが第一回目の家出で、その後、家出歴は数十回となります。ちなみに、引越しは三十二回です。太宰は二十五回ですが、私の場合、引越しか家出かはっきりしないのです。

そのつど、女房が子ども連れで追ってくるので……。

で、病の最後は「膀胱がん」です。十三年前のことです。

この入院中に師友塾の東京校をオープンしました。病室から「キャピタル東急ホテル（現「ザ・キャピトルホテル　東急」）」で主催した開校式に出向きました。震える手でカンパイしました。

二度手術しましたが、お蔭様でいまは完治です。

私は病気しますが、そのつど、いいお医者さんにめぐり合います。このように病気をくり返したのに、いや、「のに」ではなく病気をくり返した「お蔭」で、いまはとても〝元気〟です。

高校野球部（軟式）の監督として千本ノックをしたり、社会人チームなどとの練習試合では先発投手として数イニングは平気です。テニスや卓球でも若者に負けず、現役のアスリートと自任しています。

これは、くどいようですが、病をくり返したのに、ではなく病をくり返したお蔭で、なのです。「のに」は、前にお話しした「にもかかわらず」ということで、もちろん、これも立派な「レジリアンス」なのですが、もっと大切なのは、普通の体になるだけでなく、さらに普通より健康になる、マイナスをゼロにまで戻すだけなく、逆転してプラスにまで持っていく、それが本当の「レジリアンス」なのです。師友塾的に言えば、前述（六十四〜六十七ページ）の「1・2・3方式」です。

元に戻るだけでも、十分「レジリアンス」の考え方を満たしています。けれどもその

「にもかかわらず」をさらに一歩進めて、「お蔭で」というのは、「だからこそ」と言い換えられる「レジリアンス」を積極化した進化形と言っていいでしょうか。

私の場合、「病気をくり返したにもかかわらず」より、もっと積極的に、「病気をくり返したお蔭で」「病気をくり返したからこそ」、現在の人並み以上の健康が得られたと感謝しているということなのです。

悲哀の底に沈む幸せの〝砂金〟は、悲しみを悲しみ抜く力なしでは得られません

私の場合、もう一つ感じているのは、こうしたさまざまな苦境の中で、「レジリアンス」的な苦しみを苦しみ抜く力、悲しみを悲しみ抜く力が養われたのは、何としてもやり抜かねばならない存在としての「師友塾」があったからだ、ということです。

がんの完治も、「師友塾」があらばこそだと思っています。「いま、死ぬわけにはいかぬ」の気概があったからです。苦しいときにこそ、こうしてやらなければならないことがあるのは、「レジリアンス」がはたらきやすくなるのだと思います。

こうした「逆境」と「負荷」の関係については、後の項で整理してみるつもりです。

思い返せば、この「師友塾」との出会いも「肺病」あらばこそだと信じています。変てこりんな理屈のようですが、これらの〝病〟あらばこそ、〝いまの幸せ〟があると改めて思います。これも、一種のレジリアントなスピリットではないでしょうか。

「病は気から」という言葉がありますが、これをもじって「幸せは病から」とでもいいま

しょうか。長たらしい〝病〟歴ばかりいろいろと、恥を忍んで書きましたが、「レジリアンス」の一つの情報として参考になればとの思いからです。

考えてみれば、がん発症後のこの十三年間で、高校二つ（尾道と淡路に）、農園一ヵ所、淡路の「チューリップハウス農園」が四年前に農業生産法人として誕生し、昨年九月には、北海道弟子屈町にも、「チューリップハウス農園・摩周《ましゅう》」がスタート。

すでに尾道の全寮制「文学の館」も、通信制の師友塾高校と同時スタートしており、淡路では、二〇〇五年オープンの「元気の回復学校」と銘打った「チューリップの館」に続いて、この春に、古民家レストラン「夢蔵《ゆめぐら》」も始めました。

あ、そうそう、AIEが経営する「英語専科塾」の兵庫・芦屋と東京・九段の開設も病後です。もちろん『赤飯』の本も『6000人』の本も、その他の多くの著作も病後でした。

このエネルギーも、（自分では決してリキんではいませんが）レジリアントなスピリットのお蔭と、つくづく思います。自分的にも、そう考える以外に考えが浮かびません。

「悲しみ」「苦悩」の後に、神様から与えられるギフトのように実感します。

一般には、「悲しみ」から逃れるには、その「悲しみ」から目をそらせなさいというアドバイスもありうるでしょう。でも、逆に「悲しみ」を直視して受け止め、たっぷり悲しんで、そこを通してのみ手にするものがある、と実感します。

ということは、「悲しみ」を悲しみ抜くパワーとでもいいましょうか、平たく言えば「悲しむ力」のようなものは、じつは、人間が幸せになるためには必要なような気がします。

思い出すのは、太宰が言ったあの言葉です。

多分、彼が言うように、「悲哀の底に沈む幸せの〝砂金〟は、悲しみを悲しみ抜く力なしでは得られない」ということでしょうか。

こういうのを、宗教次元では「神の試み」というのでしょうが、「神のいたずら」とでも考えて、このいたずらを受けてみようと腹をくくるのも一計だと思うのです。

相次ぐチャレンジのエネルギーも、
レジリアントなスピリットのお蔭です。

耐えられない落ち込みの中、
それでも、いやそれだからこそ、
一心にアメリカ文学に打ち込みました。

私の「逆境力」（レジリアンス）に火をつけてくれた恩人が三人います

私の「レジリアンス」経験をお話ししていて、人生で大きな影響を受けた三大恩人を忘れるわけにはいきません。私の「レジリアンス」に火をつけてくれた人たちだからです。

一、森信三《もりしんぞう》師（哲学者）
二、久山康《くやまやすし》先生（当時、関西学院大学理事長兼学院長、文学者）
三、東山正芳先生（文学博士、恩師）

の三人です。

まず、日本の哲学界に燦然《さんぜん》と輝く、国民の師・森信三先生です。私が師友塾の設立時に、迷いに迷っていたとき、もう一人の大恩人、久山康先生のご紹介で森先生を訪ねました。

森師は、私の迷いに対して、

「人さえ危《あや》めなければ、天は必ず三度のメシを与えてくださる。神・仏はおられるのじゃ。迷わずご自分の途《みち》を進みなさい。私でよければ毎月、その塾に出向きましょう」

と勇気づけてくださいました。そしてまた、

「天は、誰にでも一通の封書を渡している。たいていの人はそのこと自体に気がつかないし、ほとんどの人は気がついても封を切らない。あなたはそれに気づき、封も切られた。大したことだ。天の授けた途を行かれるがよかろう」

と励ましてくださいました。三十歳のときのことです。それから先生は、約束どおり毎月お越しになり、塾生と親御さん向けに講座を開いてくださったのです。

それが「実践哲学講座」であり、いまも「ヒューマニティセミナー」と名を変えて約四十年、毎週欠かさず続けています。これがウチの〝柱〟です。

久山康先生は、私がお世話になった当時、母校の関西学院大学の理事長兼学院長であられましたが、それ以上に、キリスト教界の指導者的な立場であられ、ロシア文学、日本文学、とくに夏目漱石研究では大変な権威で、何かしら近寄りがたい風格の文学者でした。私の大学時代の同輩の父親ということに甘えて、近づきを得ていました。そして、私の処女作『独房論』の出版の道をつけてくださった大恩人です。推薦書も書いてもらいました。

東山正芳先生は、アメリカ文学で博士号を取られたこの分野の泰斗《たいと》です。敬虔《けいけん》なクリスチャンで、私がお世話になった当時、関西学院大学の文学部長であり、専門はアメリカ文学、とくにヘンリー・D・ソロー（一八一七〜一八六二）の実践したトランセンデンタリズム（超絶主義）を日本に紹介した学者として有名です。私の大学院五年間（修士・博士）の担任教授でした。

ちなみに、ヘンリー・D・ソローの代表作は『WALDEN 森の生活』で、これは、ウォルデン湖の岸に自ら小屋を作り、簡素きわまる生活をして、その体験をもとに書いたものです。当時、台頭しつつあった物質主義、商業主義への抵抗と言われます。

じつは、師友塾はまず京都・西陣でスタートしました。そのころ、私は気持ちが乾《かわ》き切って耐えられず、思い余って、芦屋に住んでおられた東山先生に電話したのです。

「先生、家庭教師をしてくださいませんか、アメリカ文学を学びたいのです」

「そうかわかった。京都は、初恋の人の土地だ。毎日曜日、教会の後お訪ねしよう」

と快諾を得ましたが、すぐに、何と無茶なことを頼んだのだと気づきました。先生を家庭教師の学生のように、こちらへ呼びつけるとはとんでもない！　解決法はただ一つ、私のほうから、神戸にすぐに引っ越そうと決めたのです。

京都の師友塾はすでに内装も終えて、「師友塾」という巨大な看板もかかげ、数ヵ月運営していました。女房も三人の子どもも、奈良から引っ越して京都で生活していました。まさに、狂気の決断、狂気の引越しと言われてもしかたありません。

しかし、実行あるのみ。先生に電話したのが正月前で、四月二十四日には、いまの神戸市御影に三百坪の日本家屋を借り、そこに塾も居も移しました。もちろん、すべてこの恩師との勉強のためでした。

こうして実現した恩師と一対一の毎日曜日、午後三時から六時の個人レッスンは、私にとってまさに狂喜乱舞の時間でした。その後、六年間、東山先生に続けていただいたこの個人レッスンで、私の心は潤《うるお》い、以前より見違えるように元気になりました。

始めたばかりの師友塾を抱えながら、精神的には耐えられない落ち込みの中で、それでも、いやそれだからこそ、恩師と一心にアメリカ文学に打ち込みました。いま思えば、まさに「レジリアンス」の実験のような日々を送ったのです。

先生と一対一で、ホイットマンの『草の葉』を原書で読み、ヘミングウェイも読み、私は、憧れの恩師をこの時間独占している。これ以上の喜びがあるでしょうか。

とにかく、先生の格調高い英文の朗読の声がいまも耳に残っています。ありがたいことです。

私は、この〝時間〟で心も潤い、甦《よみがえ》り、よって塾の運営も苦にならなかったのです（女房、子どもには、動物園にも連れていかず迷惑をかけましたが……）。

ひとかどの人物になるための、五つの苦労を教えてくれた義理の祖父

じつは私にはこの三人の大恩人の他に、もう一人、身内ながら忘れられない大恩を受けた人物がいます。それは義理の祖父、つまり女房のおじいさんです。

女房にとって親代わりの祖父でした（女房の父は彼女が高一のとき病死したので）。

初めて会ったとき、祖父はすでに八十歳でした。奈良の財界のトップで、百に近い公の肩書を持ち、とにかく、私がこれまで会った人物の中でもまさにダントツの〝日本人〟でした。〝風格〟というのは、こういうことをいうのか、という人物でした。

毎土曜日六時、当時居住していた西大寺（なぜか民間人なのに寺の境内にゆったりと住んでいた）に訪ね、夕食を共にしてもらいました。そのとき、三度に一度は私との席に政財界の大物を呼んでくれました。ありがたいことです。

その祖父が、「ひとかどの人物になるには、五つの苦労を越えなさい」とよく口にしていました。その五つとは、

一に貧乏、二に大病、三に浪人生活、四に獄中生活、五が骨肉の争いです。そしてこう言ったのです。

「かつて〝大人物〟になった人は、必ずこの地獄を通り越している。大越君は、すでに一、二、三、は経験ずみのようだ。あと二つ、なんとかして、刑務所か精神病院に入り、あとは肉親の争いの中で血を吐いてきなさい」

こんなすごいことを平然と口にし、笑いながらいろいろと体験談を話してくれました。当時二十五、六歳の私には少々難しい話でしたが、私は、こんな話を聞くのがたまらなく好きで、毎週楽しみに、緊張感を胸にしながら祖父の宅を訪ねたものです。

じつは、訪ねる二、三日前から、胃がキリキリとするほど神経をとがらせていました。それでも、胸をトキメかせながら通ったのが、いまは懐かしい思い出です。

考えてみると、この祖父の言っていたことは、まさに「レジリアンス」の極致かもしれません。

もう一つ思い出すのは、お酒の話です。出された酒を口に運ぼうとすると、

「大越君、ちょっとそのまま待ちなさい」

と言って、酒にまつわる五つの特色を話してくれました。

「いいお酒というのは、五つの要素を持っている」と前置きして、

「第一、香りがいい。第二、見た目に純真、淡白である。第三、はじめの一口の当たりが爽《さわ》やかである。第四、飲んでおいしい、実力がある。第五、飲んだ後、酔わない、後味がいいのじゃ」

と言い、こういう酒のような人間になりなさいと、若い私たち二人に（女房にも）優しく諭してくれました。

改めてこの言葉を思い出すと、さりげなく並べられた五つの要素が、ちゃんと酒が人に触れる順番になっていることに驚かされます。そして、普通ではたかが酔うために飲む酒に対して、香り、見た目、口当たりと、じつに繊細な味わい方を教えています。

「一度は監獄に入ってこい」などと、荒っぽく豪快なことを言う祖父なのに、じつはこういうこまやかな神経も持っていたのです。

いや、ここでもまた「レジリアンス」的な発想になりますが、豪快な人なのに、ではなく、豪快な人だからこそ、こまやかな神経を持ちえたとも言えるのでしょう。

私は、この義祖父に育てられたことに、いまも大きな恩を感じています。

一に貧乏、二に大病、三に浪人生活、
四に獄中生活、五に骨肉の争いは、
ひとかどの人物になるための
五つの苦労。

「優しさと厳しさ」「命をつくる病」や
「幸せを呼ぶ不幸」は、みんな「レジリアンス」に通じます。

「自分に厳しい人ほど、人には春風のように接する」ことを教えられました

義祖父の教えで、もう一つ忘れられないものがあります。

義祖父は、前項でお話しした「人生五苦の話」「酒の話」と並んで、

「接人春風」

の四文字をいたく好み、「人に会うときは、春風のごとし」を心がけるよう、よく諭していました。その影響を受けて、私も、旧師友塾の応接間を「接人の間」と名づけて、訪ねてくる人にはその部屋で応接していました。

かつて幕末に、島津久光に疎《うと》まれて流罪にされた西郷隆盛が、獄中、朱子学の大家、佐藤一斎の『言志四録』を片時も手離さなかったのは有名な話です。

そして、その読書をもとにして自らも『南洲手抄言志録《なんしゅうてしょうげんしろく》』をつくり、その後、肌身離さず持っていたことはよく知られています。その一節に、

「春風《しゅんぷう》を以《もっ》て人に接し、
秋霜《しゅうそう》を以て自ら粛《つっし》む」

とあります。つまり、「人に対しては春風のように優しく、自分に対しては秋霜のように厳しく」という自戒の言葉です。義祖父は自らを「越月」と号した俳人でもあったので、この西郷の心情を愛したのでしょう。

また、佐藤の『言志録』には、

「天は、何ゆえに自分をこの世に生み出し何をさせようとしているのか。自分は天が生んだものであるから必ず役割がある。その役割を果たさなければ天罰を受けるに違いない」

という文言があります。

西郷がこの文言を愛し、義祖父がそれを受け継ぎ、そして目の前に座る孫にあたる私に、「大越君、男は常に天下国家を論じなければならない」

と優しいまなざしで語りかけてくれていたのを、いまもしっかりと覚えています。

自分に厳しい人ほど、人には春風のように優しいという、優しさと厳しさの同居、豪快さと繊細さの共存。

こうした矛盾するものの統合・止揚《しよう》も、いままで述べてきた「命をつくる病」や「幸せを呼ぶ不幸」を見直そうという「レジリアンス」に通じるものがあるように思います。

それにしても、「接人春風」。なんていい言葉でしょう。

子どもに梅の実《み》を与え、自分はタネをしゃぶる “母ごころ”は、「慈悲」の心

運の強い人と弱い人があるようですが、幸い私は運だけはすこぶる強いようです。

この強運が、母との生涯の別れのときにも発揮されました。

母が老衰して「特老」（特別養護老人ホーム。実験的に尾道の郊外につくられました）に入っていたころ、私は、アメリカの仕事（ＡＩＥ設立のこと）に超多忙で、日本の仕事（師友塾のこと）はそっちのけで、一年の大半はロサンゼルスやシアトルにいました。もちろん、そのころはすでに女房・子どもはアメリカに移住していました（長女七歳、長男五歳、次男三歳のときに、私は意を決してアメリカに永住権を取り、海を渡ったのです）。

母が八十四歳で、私が四十三歳だったと思います。

ちょうどそのころに、尾道の青年会議所（ＪＣ）が私を講演会に呼んでくれたのです。

久しぶりの尾道帰りでした。

そのとき、「ついで」くらいの気持ちで母を訪ねたのです（これでは親孝行とはいえま

せんね)。夕方、病院(特老)に行きました。

実家の墓守りをしてくれている次兄の嫁がそこにいてくれました。顔を見るなり、「トッちゃん、お母さん、今朝から様子がオカシイんよう。いつもなら〝トッちゃんが来る〟というとニコッと笑うのに、今日はちょっと違うんよ」と沈んだ声で言うのです。

私はピンと来ました。息子特有のカンというんでしょうか。

母はげっそりとやせ細って、ベッドに横になっていました。ひと言挨拶すると、「足を揉《も》め」とボソッと命令調なんです。「あっ、こいつ、オレに甘えているな」と思いました。義理の姉にはここらはわからないでしょう。

私は黙って足をさすりました。母はイヤな顔をするんです。「そこじゃない」と言わんばかりに。足先をさするとじっとしていました。その足先が、足首から先が真っ白で、しかもピーンと張って思い切りふくれ上がっているのです。

私はドキッとしました。そして確信しました。「母は今夜死ぬ」と(いまも思い出して涙が出てきました。声なき号泣です。辛いんではないのです。いとおしいんです。これが親子の情なのでしょうか)。

講演会は、夜七時からです。もう病院を出なくてはいけません。私は咄嗟の判断で会を少し遅らせてもらうよう、事情を述べて頼みました。母との最期のときを一秒でも長く持ちたかったからです。

母は終始無言でした。無言の母に、母の最期の声を耳に残すために声をかけました。

私「長い間ご苦労様でしたね。お母さん、生まれてこのかた何かいいことはありましたか?」

母「何もありゃせん。トシオ、人生にあまり期待するなよ」

低い声で、ボソッとこう言ったのです。何かしら哲学者の言葉のようでした。

私「お母さん、何か食べますか?」

すると母が、「梅干《うめぼ》しをくれ」と言ったのです。義姉は梅干しが母の大好物だというのをよく知っていて、ベッドの横に用意していました。

義姉が梅干しの実のほうを少しとり、(タネを残して)小さなスプーンに乗せて母の口もとに運ぶと、いったんは口の中に入れるのですが、すぐにプイと出すのです。

義姉は、「ほれごらん、食べんのよ。このごろは好きな梅も食べんのよ」と不満げです。

私はこれもピンと来ました。

「ちょっと貸して」とスプーンを取って、私は残されたタネのほうを口もとに持っていったのです。母は、それがタネだと確かめると、何と口の中に入れてモグモグとしゃぶっています。実のほうは代わりに私が食べました。

母はいつも実のない味の薄いタネのほうを口にしていたのです。脳幹がそれを覚えているのです。美味しいほうを子どもに食べさせ、タネのほうをしゃぶりながら、母はこうして私を育ててくれたのです。

これが慈愛、慈悲でなくて何でしょうか。母の慈悲は仏の心のようです。私が「〝母ごころ〟に勝るものなし」と口ぐせのように言うのは、この実体験から来ているのです。

実際は、母は、ほんとうにタネのほうが好きだったのかもしれません。でも、子どもの私には、実を子どもに食べさせるために自分はタネをしゃぶっていた、そう思えるのです。

義姉も、この様子を見て「実の子にはかなわんわ」とこぼしていました。

母が、しゃぶった色の抜けたタネをプイと吐き出したので、私は母に「お母さん、トシオは会のほうに行きます。ありがとうございました」と頭を下げて、その場を義姉にゆずりました。

何か母と、二人きりの「最後の晩餐《ばんさん》」をすませたような気が、ふとしました。

子どもには
少しでもいい物を食べさせたい。
最期のときまで生きていた母の「慈悲」。

「悲しむ力」は「慈悲の心」を育て、「慈悲の心」は
「悲しむ力」を育むということでしょうか。

〝母ごころ〟の「慈悲」とは、苦を除くための「悲しむ」力ではないでしょうか

ＪＣの会では、弁解代わりにこの「最後の晩餐」のことを少し話しました。

その晩はＪＣ会長の別荘（向島の、いまの「文学の館」のすぐそば）に四、五人の友人たちと泊まり、朝食をしていると、兄から電話が入りました。

母の呼吸が止まりかけているというのです。私のカンは当たりました。でも、なぜか私はゆっくり朝食をしていました。

友人たちが「トッちゃん急げ」というのに、私は自信ありげに「キク（母の名）はオレが行くまで死なん」と応答しました。ほんとうにそう確信していましたから。

おもむろに腰を上げて、車に乗り（このとき、運転している友人が道を間違えて、三十分遅れたのです）病院に行くと、身内は、皆集まっていました。

長女が血相を変えて「トッちゃん何しとるん早く、早く」と母の枕元に私を連れていき「お母さん、トシオが来たよ」と声をかけると、母は、うっすらと目を開けてひと言「ヨ

クキタナ」と口ごもると、目も口も閉じました。これが母の最期のときです。

ほら、私の言ったとおり、間に合ったでしょう。親子の情ってこういうもんですよ。これが末っ子の特権なんです。末っ子は、親の死に目に早く会いますが、その分、特別に可愛がられるのです（いまは昔のように子だくさんではないので、こういう特権もうすれてきたようですが……）。

「最後の晩餐」などと仰々しい言葉を使った割には、クドクドとしょうもないことを書きましたが、このような実体験を踏まえて、私は、「〝母ごころ〟に勝るものなし」と確信を持って口にしているのです。この〝母ごころ〟を根っこにして、師友塾の運営をしているのです。

美輪明宏《みわあきひろ》氏（シャンソン歌手）の「ヨイトマケの歌」は、この〝母ごころ〟を歌っていると思います。その美輪氏、過日、BSテレビ特集で、「日本は戦後、この母の情がなくなった。これさえ取り戻せば、日本は大丈夫だ」と、政治家や評論家以上の力強い発言をされていました。

美輪さん、見事な〝思想〟家ですね。その〝思想〟を歌心に託して歌っているのですね。だからこそ、あの天才・三島由紀夫と気が通じたのです。

人生のすべての局面において、この仏心の、まさに慈悲の心の〝母ごころ〟さえあれば、大丈夫です。いわんや教育においてをや、であります。

「幸福感は悲哀の川の底にある」と言った太宰は、「慈悲の心は悲哀の川の底の底にある」と言おうとしていたのかもしれません。

「慈悲」とは、辞書によれば、「仏・菩薩《ぼさつ》の衆生《しゅじょう》をあわれむ心。楽を与える慈と苦を除く悲とをいう」とあります。「悲」という字には、もともと「苦しみを除く」という意味があったのですね。

「悲しむ力」は「慈悲の心」を育て、「慈悲の心」は「悲しむ力」を育むということでしょうか。

五章

集団や組織も甦《よみがえ》る「逆境」の力

客の来ない平日、売れない雑魚《ざこ》にこそ、売上を増やす魅力が見出せます

話はガラリと変わります。

というのは、いままで述べてきた「悲しむ力」とか「レジリアンス」の考えは、ほとんど個人を対象にしたものでした。ところが、この考え方は、個人だけではなくて、家庭や集団や組織や、ひいては地域や国家に対しても通底しており、応用できるのです。

二〇一四年夏、北海道でのＡＩＥ長期合宿のある朝、研修を兼ねて、道東厚岸郡、根室半島に近い浜中町のＪＡ（農協）を訪ねました。

アメリカの留学先から現地入りしていた大学生（ＡＩＥ生の全員）とスタッフ、総勢五十名で、バスとバン七台を連ね、七時半に屈斜路《くっしゃろ》湖畔を出て南下すること二時間半。組合長の石橋榮紀《いしばししげのり》氏を訪ねたのです。

浜中町は、ハーゲンダッツ・アイスクリーム用のミルクを、ほぼ独占的に供給するところとして有名で、石橋氏はそれを可能にした地元の名士です。

浜中町を訪ねる前日に、合宿地の弟子屈町の町長にお会いして石橋氏を訪ねることを伝えると、町長は、「おっ、彼はオレの兄貴分や。道（北海道のこと）の中でもこの業界で一番や。よーし、いま電話したる」と即電話してくれました。「五十名訪ねるけど、大越さんとは二十数年来の友人やと言ったら驚いとった」と援護です。

そもそものいきさつは、私が愛読している月刊誌『致知』の二〇一四年六月号に、この石橋氏と、山口県萩市にある「道の駅・萩しーまーと」の駅長・中澤さかな氏の対談が載っており、「おお」と思ったからです。

しかも期せずして、こんなにすぐ近くで合宿しているのは何かのお導き。「訪ねない」はないでしょう。そう思って『致知』の方に間に入ってもらい、石橋氏に渡りをつけてもらったのです。

おふたりの「かくて地域は甦った」と題したこの対談は、必見・必読ものです。

それにしても「萩しーまーと」の駅長さん、「中澤さかな」のお名前、なかなかユニークですよね。「上から読んでもトマト。下から読んでもトマト」といっしょで、下から読んでも「ナカサワサカナ」さんです。

じつは、この「道の駅」を手掛けるにあたって、わざわざこのように改名されたらしいのですが、このネーミングからして、すでに〝勝って〟いますよね。この「道の駅」の売り上げは、いままでは全国でもトップクラスらしく、〝過疎〟から甦った好例だとか。いったいどんなアイデアで、過疎という逆境から立ち直ったのでしょうか。

対談から見えてくるのは、いままでマイナス（逆境）と思っていたことを、どんどんプラスに変えていってしまう、まさに「レジリアンス」的手法でした。

萩と言えばもちろん有名な観光地ですから、観光客相手の地域興《おこ》しを考えるのが普通です。案の定、従来の萩では、なんとかもっと観光客相手の売り上げを増やそうと、試行錯誤していたようです。

でもやはり観光客というのは、外来の客であり、地域への愛は期待すべくもありませんが、それ以上の現実として、土日祝日以外はぐんと客足が落ち込んでしまうのです。中澤さんは、この売り上げが落ち込む平日をどうにかしようと考えました。

「平日なんて地元民しかいないのに、どうやって売り上げを増やすんだ？」と誰もがいぶかしみましたが、「地元民しかいないのなら、その地元民がもっと喜んでお客になるような商品やサービスを増やしたらどうか」と考えたのです。

例えば、観光地だと観光客相手にしかしないような魚の安売りを、平日、地元民対象にトロ箱を並べてヨーイドンでいっせいにやる。買った魚をそのまま、近所のレストランや料理屋に持ち込んで、好きなように調理してもらう「勝手御膳《ごぜん》」などは、地元の人たちに大人気だそうです。

おまけに、商品にならなかった魚の劣等生、雑魚《ざこ》たちを見直す「萩の地魚もったいないプロジェクト」を立ち上げて、「雑魚の再生人」になったり、すると沖で捨てられていた魚がフランス料理では高級魚だったりとか、いわば「雑魚なのに美味しい」ではなく「雑魚だから美味しい」という「レジリアンス」的な価値の逆転が起こったのです。

まさに中澤さんの名前のように、「下から読んでも」価値のあるものがある。マイナスと思って誰も目を付けなかったものに、価値の逆転が起こる。そうなれば、これは中澤さんの名前ですでに〝勝った〟と言ったことが、町興しのうえでも現実になりうるのです。

なるほどこれなら、国から「地域力創造アドバイザー」とか「地域活性化伝道師」「地産地消の仕事人」とかの役目を託される理由がわかります。

そもそも地方・地域というのは、都市化文明の中では、「逆境」にある存在です。もともと「レジリアンス」の対象になる運命を背負っていたということでしょう。

「平日でも」「雑魚でも」ではなく、

「平日だから」「雑魚だから」

売れる価値の再発見をしました。

酪農のことなど何も知らず、まったく違う分野の
勉強をしていたので、マイナスからの出発でした。

過疎・経験ゼロのマイナスを、プラスに変えたのは合理と不合理の合一

浜中農協の甦りの物語もすごいものです。「こんなことってあるんだー」で、にわかには信じがたいのですが、「論より証拠」ですから疑えませんよね。

すでにお話ししたように、「ハーゲンダッツ」の原料のミルクを、ここで一手に引き受けていて、このＪＡのメンバーは全国どこに行っても、「えっ、あのハーゲンの浜中さんの」と鼻高々だとのこと。この〝誇り〟で、この過疎にあがいた町が活性化したのです。

この〝甦り〟の過程をつぶさに、直接に、しかもご当人にお伺いしようということで、あつかましい依頼をして足を運んだというわけです。

〝甦り〟の詳細は省略しますが、組合長の石橋氏、とても溌剌《はつらつ》として、シャキッと立ち姿もりりしく、とても世間でいう七十四歳のご老人ではありません。お顔立ちは、あの名優だった三國連太郎《みくにれんたろう》さんそっくりで、（三國さんより一回りキャシャ）とてもダンディな紳士でした。

それにしても、北海道は広いですね。改めてつくづくそう思いました。

じつは、私たちも淡路島で、四年前から「チューリップハウス農園」という農業生産法人を運営しており、師友塾の卒業生十三名で、〝死に体〟であった洲本《すもと》市の五色町《ごしきちょう》の鮎原《あいはら》小山田《こやまだ》村を再生しようと頑張っています。

この農園は一見すると、素人《しろうと》目にはとても広大です。五ヘクタール、一・五万坪もあるのです。このファームを目にした親御さんたちは、「わあー広いー」と驚嘆されます。

淡路島全島で、休耕地面積が全部で千ヘクタールです。これは、兵庫県の担当の方から直接聞きました。その折、

「チューリップさんで三分の一の三百ヘクタールやってくださいよ。北はパソナがすでにやっていて、南は吉備《きび》国際大学の地域創成農学部が来ますので（二〇一三年四月に開部）、島の中央部はチューリップさんがやってくださるとありがたいですわ」

と言われて、「えっ三百ヘクタール。いまの六十倍じゃないか」と胸の内で思いめぐらせ、ちぢみ上がっていたのです。それだけにこの実体験をもとにした、石橋氏のさりげないひと言に、それはもうびっくりの連続でした。

この浜中町の耕地面積、いくらだと思いますか。淡路島全島の休耕地の何と十五倍の一

万五千ヘクタールなんです。しかも、その広大な耕作地に、手つかずの〝放棄地〟はゼロというではありませんか。この実績が、石橋氏の実力なんです。人徳者にして初めてできる業《わざ》ではないでしょうか。〝ハーゲンダッツ〟→〝誇り〟→〝無放棄地〟→〝活性化〟。この好循環が、〝甦り〟を可能にしたのです。

この「甦りの話」、いま話題の「里山資本主義」の仕掛け人、藻谷浩介《もたにこうすけ》氏が耳にすると喜ばれるでしょう（あっそうか、この藻谷氏、全国の地域を百％回られた方だからすでにご存じでしょう）。

石橋氏、千葉工業大学で工程管理や品質管理を学んでいたとき、酪農をやっておられたお父様が倒れられたのです。跡継ぎは弟さんに決まっていたのですが、なんとまだ中学三年生。それで腹をくくって跡継ぎを決意し、それから酪農の勉強をされたのだとか。後にも先にもこんなに勉強したことはないとか。

人間、やはり〝覚悟〟が大切ですね。二十三歳のときのことです。酪農のことなど何も知らず、ゼロからのスタート。いや、まったく違う分野の勉強をしていたのですから、もしかしたらマイナスからの出発だったかもしれません。

それから、苦労、研究、研究、苦労、この地道なくり返しだったようです。

しかし、ほんとうに工業大学での工程管理や品質管理の勉強は、マイナスかまたは無駄になってしまったのでしょうか。

わからないからアメリカの酪農雑誌を読んでみる。するとすべての生産要素を「見える化」してデータ管理している。このように、無駄だと思えた工業的・合理的な管理の発想が、農業や酪農にも生きるどころか、むしろ必要だったようです。

一方では、生産者に乳を搾《しぼ》る量を強制割り当てしないで、自分で売りたい分だけ搾ってもらう。電気も人も、必要なものは自家生産、自主育成して、彼ら一人ひとりが、経営者としての志や夢を持てるというのです。

こちらは先ほどの〝誇り〟と共通する人の心や情の部分ですから、石橋氏は管理の合理性と、理屈だけでは動かない情の不合理性を、正反合わせてもう一つ上の合理性に、止揚《しよう》し合一《ごういつ》して、到達しているようです。

いまこの日本、各地域も全国のＪＡも、生きるか死ぬかの瀬戸際です。その苦境にあっての、この浜中ＪＡの甦り。明るい光です。大きな勇気です。

石橋氏のレジリアントな人生、浜中ＪＡのレジリアントな再生、詳しくは一度現地に足を運んで見てください（インターネットでも検索できます）。

逆境からはい上がった人は、逆境を逆境と思っていなかったフシがあります

過疎の町・浜中町を活性化させた石橋氏のお話を、たっぷり伺って帰る道中、バスの中で、今度は学生たちが〝活性化〟して、ワイワイガヤガヤとえらい賑わっていました。石橋氏の〝気〟に感化されたのでしょう。

ところが、一つだけ、石橋氏の特徴について、彼らが気がついていないことがありました。私は気がついていました。それは〝年の功〟ですが……。

「センセ、石橋さん、何か新しいことをするのに、失敗とか恐怖とかがないっていうのすごいですね」

「センセ、石橋さん、突然の人生の変更を、苦労があったでしょうに、苦しかったとか辛かったとか、あまりおっしゃいませんね」

「センセ、石橋さん、失礼ですがもうお年を召しておられるのに、また三年計画でバイオマスガスにチャレンジされるとおっしゃっていましたが、不安はないのでしょうか」

こんな質問とも感想ともつかない話がひっきりなしでしたが、この彼らの発言の中に、私が気がついた石橋氏のずば抜けたある種の〝才〟があるのです。

これは、ほんとうの苦労を突き抜けた人のみに、神から与えられるプレゼントのような〝才〟です。お気づきですか？

「あのな、キミたち、とてもよく学んでいるし、立派だけど、一つだけお願いしてもいいかい」

私は、普段に似合わず（日ごろは、はしゃいでばかりなんです）しっとりムードで話しはじめました。屈斜路湖畔まで時間はたっぷりあります。幸いなことに、窓の外は、この地特有の濃い霧で、視界ほとんどゼロでした。舞台装置はばっちしです。

「キミらはいいことに気がついているんだけど、肝心なことが一つ抜けているんだよ。キミたち、いま石橋会長の功績を話すとき、やたら〝失敗〟とか〝恐怖〟とか〝苦労〟とか〝不安〟とか、そんな単語を並べながら、その逆境から石橋氏がはい上がってきたと言おうとしているんだろうけど、石橋氏自身の口からこんな後ろ向きなネガティブなコトバが発せられましたか。

私は、ひと言も、マイナス的なネガティブな単語を耳にしていないよ。そこが、石橋氏の偉いところなんだよ。彼、逆境からはい上がったと思っていないもの。かつては知らないよ。いまの石橋氏に、そんな雰囲気、みじんも感じないもの」

この私の発言に、学生たちは〝ハッ〟としたようです。彼ら、このたぐいのネガティブボキャブラリーの使い手の〝プロ〟ですからね。こんなマイナス的な言葉でいくら考えたって、夢や希望に向かっていこうという考えなんか生まれっこありませんよ。

私は、ここぞとばかりに畳み掛けました。

「なあ、キミたち、石橋氏に学んだというなら、いまから、頭の中のネガティブボキャブラリーを消そうよ。大掃除して全部体外に出してしまおうよ。どう、この提案」

「センセ、やっぱすごいですね。イヤ、言われてびっくりです。そうでした。そのとおりでした。ボクたち、いままで、失敗とか不安とか恐怖とか苦労とか……」

「おいおい、それ、やめようと言ったばかりじゃないか。いまからと言ったばかりじゃないか。いいな、みんな、いまからだぞ」

「北海道4・0牛乳」、この文字、目にしたことがありますか。これがハーゲンダッツの味の秘密なんです。脂肪四パーセントを超える牛乳っていうのは極めて稀《まれ》なんですって。これを浜中JAは実現したのです。

その石橋氏、牛の糞尿《ふんにょう》を生かして、この町の七百五十台のトラクターの動力を、バイオマスガスですべて動かすのが夢なんですって。明日を見つめる石橋氏の眼、キラキラしていました。バスは濃霧の中をどんどん北上しました。いい一日でした。

これは、ほんとうの苦労を
突き抜けた人のみに、
神から与えられる
プレゼントのような〝才〟です。

チューリップハウス農園はズブの素人で、
既存社会からはみ出した集団ですから、
その吸収力は半端じゃありません。

「落ちこぼれなのに」でなく、「落ちこぼれだから」こそできた荒地の復活

改めて言います。ひょんなことから私たちは、農園（ファーム）を持つことになったのです。淡路島の中央に位置する洲本市の五色というところにです。

広さは五ヘクタール（一・五万坪）です。一昔前は、この広さの農地で十世帯が生活されていたようです。ウチのスタッフの一人がこの地の出身で、十年前にそのスタッフの生家の休耕地をお借りして、不登校生のための「チューリップの館」と名づけた全寮制の「元気回復学校」（定員上限三十名・男女共学）をスタートさせました。

建設は大手の間組《はざまぐみ》さんにお願いして、少々贅沢をし、目一杯きれいなものにしました。無理をして奮発しました。しかし、入寮する者には、いま流行の携帯電話所持はなしという少々窮屈なものにしました。既存の学校にそぐわない中学生と高校生を対象にしたものですから、既存の学校とは規則が違って当然でしょう。

設立時は、地元の人々との対話が大変でした、地元としては、どんな子たちが来るのか

不安だったようです。それはそうでしょう。朝は起きない、親の言うことは聞かない、果ては学校にも行かない子たちが、しかも全国から集まるというのですから、不安にならないほうが不思議です。

その問題は、スタッフのお父様が、地元名門の県立洲本高校の校長を定年退職されたという名士だったので、その人の〝顔〟でことなくおさまったのです。そして、その〝地元の名士〟に初代の「館長」になっていただきました。

ただし、その寮から出す〝水〟だけは特別に清浄にしてほしいということで、特設の浄水機を二つ設置しました。つまり高くついたというわけです。

というわけで、この全寮制の「元気回復学校・チューリップの館」は話題のうちにスタートし、地元のテレビなどの取材も受け、上々の滑り出しでした。しかし、その折にはその周囲の五ヘクタールの休耕地まで耕すことは、みじんも頭にはなかったのです。

それが五年前、ひょんなことから「よーしやってみるか」のひと言で、荒地化している休耕地に分け入り、クワを手にすることになったのです。元塾生の、体が頑強で心の誠実な二十五歳の若者に「やってみないか」と声をかけ、最初の四人が集まって「隣《とな》り百姓組《びやくしようぐみ》」と名づけ、意気軒昂《けんこう》に開拓に着手しました。

といっても、何分《なにぶん》、我々は農業に関してはズブシロ（ズブの素人）です。何事も「求めよさらば与えられん」で、すぐお隣の最長老を訪ねたのです。この長老は、この地域では〝花博士〟として高名な、百姓の中の百姓という人です。花の新種発明は、百種を超えるという、この道の生き字引のような人物です。この長老、最初のひと言が名訓です。

「何をしてもいいが、とにかくワシらのマネだけはせんことだ。ワシらは失敗者だからな」

笑いながらおっしゃったこのひと言が、私たちのその後の指針になりました。

いえ、お言葉どおりマネなかったのではありません。私たちの特技は、既存社会からのハミダシ、落ちこぼれですから、基本的に天邪鬼《あまのじやく》です。指針といっても、マネするなと言われれば、意地でもマネたくなる、それが指針になったのです。

もともと、師友塾には、「見て学び　為《や》って覚えて　頭で解け　あとの一つは創造である」という「創造教育七訓」がありますから、長老がマネするなと言っても、見て学べるものがあれば「見て学び……」を地で行ってしまうのです。

何しろ農業に関してはズブシロ、おまけに既存の社会や学校からはみ出してきた連中ですから、マネるなと言われればマネます。それも半端じゃありません。徹底的にマネるところはマネる。何も知らないんですから、その吸収力がまた半端じゃありません。

学校の教科書などまともに読んだことのない彼らも、地頭はいいですから、「現代農業」などという専門誌が、休憩時間の愛読書にまでなってしまいます。

そして半年、初年度の暑い夏を越えたころ、どうしたわけか、その長老がウチの百姓組の最初のメンバー四名を、自宅の夕食にご招待してくださったのです。

彼らが正装して（といってもたいしたことありませんが）玄関に行くと、長老ご夫妻もきちんと正装されて（いつも百姓姿しか見ていなかったので驚きましたが）、深々とお辞儀をして迎えてくださったのです。

奥の間の広い応接間に、おスシなどのごちそうがセットされていました。床の間の正面にウチの若者を座らせ、自分たちは下座に座られたのです。まずこの設定に四人の「隣り百姓組」の連中は恐れ入りました。

おそらく、この半年の〝ズブシロ百姓組〟の悪戦苦闘を、ずっとご覧になっていたのでしょう。もう「マネするな」とはおっしゃらずに、ご長老、昔の苦労話をされ、百姓を志すならと、心構えを説いてくださったのです。

そのお話をまとめたのが次の「百姓道七訓」です。

一、農業は、やってみないと分からない。
二、何事も学説や定説を疑い、新しい物を発見するのが面白い。
三、万人に受けなくても、分かる人に分かってもらえれば、それでいい。
四、物事はグローバルな考えが必要である。
五、農業は肩書より、技術が大切である。
六、見た目にきれいな花ではなく、その花が元気かどうかが大切である。
七、寄らば大樹の陰では、何もいい物は生まれない。

剣の道の宮本武蔵の教えにも劣らぬ見事な「百姓道」の極意です。

この島から一歩も出たことのないというご長老の口から、「グローバル」というコトバが発せられたのにはドギモを抜かれましたが……。

こんないきさつがあって、いまも毎朝、全員でこの「七訓」を唱和した後、クワを握っています。このご長老の「ワシらをマネるなよ」のお言葉が、この死に体であった田畑を甦らせるエネルギーになったのです。

その後、彼らはこの「七訓」を守って、「見てくれよりは元気な野菜」をつくって自分たちも元気になり、いまでは社員十三名の立派な「農業生産法人 チューリップハウス農園」という株式会社に成長しています。

いまはやりの「六次産業法案」の難題もクリアし、生産・加工・販売も見事にこなし、前述のように「夢蔵」という日本酒まで作って売っています。

二〇一三年には、この生産＝一次産業、加工＝二次産業、販売＝三次産業の、合わせて六次産業への努力が認められ、近畿農政局から、「農業・農村の六次産業化の取組に係わる優良取組近畿農政局長賞」という、名誉ある賞までいただいてしまいました。

私が言うのもヘンですが、この若者たちは大したものです。それも大した落ちこぼれ、はみ出し者です。だっておそらく、彼らのような落ちこぼれでなかったら、この荒地を甦らせられなかったでしょう。この長老に、これほど可愛がられなかったでしょう。

やはりここでも「落ちこぼれなのに」ではなく「落ちこぼれだからこそ」という、「レジリアンス」の原則がはたらいたと、私は思います。

ということで、いまではこの「チューリップハウス農園」、社員より見学者のほうが大幅に増えています。

六ヵ国の国境という大きなネック。
でも、このマイナス条件こそ、
それを突破したときの
大きな魅力になります。

オリエント急行の「不死鳥」のような、凄《すさ》まじい復活劇から学べるものがありそうです

いま、巷では「ななつ星in九州」が大人気ですね。

九州の北から南まで縦断するあの超豪華列車です。テレビであの艶《あで》やかなお姿がたびたびご披露されていたので、ご存じの方も多いと思います。

三泊四日で七十万円とかでお値段もびっくりするほどの高額です。にもかかわらず、というか、だからこそなのかもしれませんが、一年前の予約で競争倍率が三十三倍だとか。

とにかく、すごい人気です。この「ななつ星列車」のお蔭で、周辺の過疎で悩んでいた町は、大賑わいだとか。宮崎県の都農《つの》町なんか、年間の訪問客が七十万人を超えるらしいです。嬉しい話ではありませんか。

この道の専門家に言わせると、この成功の勝因は、「物づくりではなく物語づくりをした」からだそうです。

ただ単に、豪華で華美な「列車」にだけ人々は感動したのではなくて、その列車に乗っ

て、流れ行く車窓に広がる山や川に目を奪われながら「優雅な旅」の気分にひたり、そうこうしているうちに、何だか心の内側から、じわっと「夢」と「誇り」のようなものを覚える、というのです。そう言われてみると、その通りですね。

専門家って、解説が上手いですね。あっ、そうか、上手いから専門家なのか。

とにかく、こうしてかつて大赤字で喘《あえ》ぎ苦しんでいた「JR九州」という企業が見事に甦ったのです。そして周辺の町が活気を取り戻しているというのです。これが「レジリエンス」でなくて何でしょう。見事な復活劇です。

じつは、この「ななつ星列車」の成功劇の裏には、モデルがあったのです。カンのいい人は、すでにお気づきでしょう。あの世界的に有名な「オリエント急行」です。この道の通でなくても、子どもから大人まで、「オリエント急行」というコトバの響きは一度は耳にしたことがあるでしょう。こういう事柄に疎い私でも耳にしたことがありますから。

ところが、この世界的に超有名な「オリエント急行」が、じつは、三度も消えそうになったということはあまり知られていません(私だけが知らなかったのかもしれませんが)。

そうなんです。実際に三度も死に体になりかかったのです。いいえ、死に体になって、そのつど、不思議と甦っているのです。少し詳しく調べてみて、実情を知って驚き入りました。じつに見事というか、不思議というか、奇跡の中の奇跡があったからです。

なぜ「オリエント急行」が「死に体」になりかかったのか。考えてみれば、そのワケはじつに簡単です。当たり前といえば当たり前のことです。

一八八三年十月四日に「オリエント急行」は産声をあげました。寝台車、食堂車、荷物車の編成でパリを出発して、ミュンヘン、ウィーン、ブダペスト、ブカレストなどを経て、終点のコンスタンティノープル（現イスタンブール）まで、計六ヵ国を六日間で結んだのです。

この産声をあげたときに、すでに「死に体」になる原因を内に秘めていたのです。

六ヵ国の国境を超えなければならない宿命、その国々が、いつも仲良く友情を保つという保証はありません。これはある意味、鉄道営業上の大きなネックです。

案の定、一九一四年に第一次世界大戦が勃発すると、「オリエント急行」は運休を余儀なくされました。この横断していた六ヵ国が、敵味方に二分されたからです。

いかに王侯貴族や高級官吏や富豪が愛用したからといって（ちなみに、このときの料金は当時の召使の一年分の給料だったそうですが）、ノコノコ敵陣の中を走るわけにはいかないでしょう。

この不幸な出来事で「オリエント急行」は消滅するかと思いきや、復活するのです。やはり魅力があったのでしょう。

一九二四年十一月、オリエント急行列車は装いを新たにして走り始め、それどころか一九三〇年には、路線を拡大し、オーストリアの名所、アールベルクトンネルを経由し、その路線は「アールベルクオリエント急行」と名付けられ、世界中の人を驚かせたのです。

ところが、第二次世界大戦によって、再び姿を消してしまいます。これが二度目の危機です。普通ならばこれで万事休すでしょう。

ところがです。一九四五年十一月、再び再開です。不思議な生命力です。しかし、東西冷戦の影響やモータリゼーション時代の到来などにより、列車による長距離旅行客が減少し、二〇〇九年十二月に、百二十六年の歴史の幕を閉じ、「オリエント急行」は完全廃止となってしまいました。これが三度目の「死に体」です。

ところがところが！　です。なんと現状を知って驚きました。この鉄道は一九八二年、ベルモンド社によって観光列車として継続され、パリ～イスタンブールを結ぶ往年の定期路線は、七ヵ国を駆け抜ける五泊六日の観光路線として、一年前からでも予約を取るのが難しいほどの人気商品となり、見事な復活劇を見せているのです。

まさに〝不死鳥〟です。しかし、なぜ〝不死鳥〟になったのでしょう。なぜかくも困難な復活劇が可能になったのでしょう。

それは、先ほどもお話しした六ヵ国の国境を超えなければならない宿命、鉄道営業上の大きなネック、大きなマイナス条件がそのまま、そのネックを突破する大きな魅力に大変身するのです。

困難な逆境の裏には必ず、順風満帆では得られない魅力が潜んでいます。六ヵ国もの国々を横断するからこそ、この列車の旅は他に代えがたい魅力があるのです。

その魅力が人を復活へ駆り立てる！　だから不死鳥のように復活したのです。

この精神こそが、「レジリアンス」でなくて何でしょうか。まさに「死して甦り」です。

「ななつ星列車」万歳!!「オリエント急行」万歳!!です。

そうそう、この「オリエント急行」を発案したジョルジュ・ナゲルマケールス氏（ベルギー銀行家の子息）自身の苦難も「オリエント急行」同様、三度の「死に体」を体験しているのです。何事も「念ずれば花開く」ですね。

六章

「悲しみ」から逃げないで向かいあう「悲しむ力」

「辛いけれど」でなく「辛いから生きる」と、「負荷」を引き受けてみよう

　さてここらで、そろそろ本書のテーマである「悲しむ力」や「レジリアントな力」をつける方法に話を進めましょう。これには、いろいろな方法がありますが、経験上、一番簡単で効果抜群なのが「負荷」をかけることです。

　簡単に言えば、少々無理をしてみるということです。「うそ、反対でしょう」と思われるでしょうが、「論より証拠」、ほんとうなのです。実例をできるだけ具体的に述べます。

　理屈的には、「負荷」というのは、皆さんが考えているとおりの「余計なこと」「余分なこと」「よりしんどいこと」です。「余計なこと」は余分でしんどくて逆効果ではと思いがちですが、あにはからんや実際はそうではないのです。「余分なこと」がその人の「逆境力」をグンと強くするのです。不思議なことですがそうなのです。

「もう少し元気になったら助言に従って、そのようにしてみます」という返事をよく耳にします。「やる気になったらそうしてみます」とか、皆さんも一度や二度は、こう思った

り、この言葉を口にされたりしたことがあるでしょう。

でも、最初はそんなに〝乗り気〟でなくても、思い切ってその一歩を踏み出してみれば(だまされたと思って)意外や意外、ほらほんとうに元気が出てくるのです。

いま巷でよく売れている本に、『面倒だから、しよう』(幻冬舎)というシスターの渡辺和子先生(ノートルダム清心女子学園理事長)の書かれた本があります。「楽だからやってみなさい」ではなく、「しんどいからしてみなさい」と諭しているのです。

この考えが「負荷」でなくてなんでしょう。

もっとダイレクトな「負荷」擁護《ようご》論があります。プロ野球界のドン的な存在である野村《のむら》克也《かつや》氏が、近刊『野生の教育論』(ダイヤモンド社)の「あえて厳しい環境を与え、負荷をかけよ」の項の中で、「筋力は負荷をかけなければ強くならない。心も同じで、負荷をかければかけるほど強くなるし、かけなければ弱くなる」と書いています。そして、この考え方で野村氏は「息子の克則を一人前の社会人に育てた」と胸を張っておられます。

この二冊の本が「レジリアンス」を意識していたかどうかは知りませんが、結果として見事にそうなっているのです。

「余計なこと」がその人の「逆境力」をグンと強くするのです。不思議なことですがそうなのです。

この「負荷」に見えるプログラムがあってこそ、卒業率九十五％という実績を残しているのです。

どんな「大負荷」も楽しければ「負荷」ではなく、「奇跡」を起こすエネルギーになります

私の実体験から実例をあげます。

二十九ページでも述べたように、三十四年前、私は「日本がダメならアメリカで」と思い立って、高校を不登校した子たちのためのアメリカの大学への留学システム、AIEを考案しました。三十四年前といえば、本業の「師友塾」ができてまだ五、六年目です。

この塾自体がまだ海のものとも山のものとも定まらず、この発案自体が私自身にとって大きなバクチで、まさに「大負荷」です。下手をすればどちらもおじゃんです。当然周りの者は大反対です。反対するどころか、開いた口がふさがらないといったふうでした。

考えてもみてください。対象にしたのが（いわゆるしぼったターゲットがということです）、朝も起きず、親や教師にそっぽを向く、いわゆる箸にも棒にもかからないといわれていた「不登校生」です。

その彼らに、「アメリカの大学に行こう」と呼びかけるのです。実際には、ウチの卒業

生ということになるんですが……。当時、ウチは高校ではないので、彼らに「大学検定」という資格を取らせるのです（いまでいう「高認」、高等学校卒業程度認定試験に合格して得られる資格です）。

常識的には、この考え、ボツですよね。ところがどっこい、あにはからんや、思った以上に上々の滑り出しだったのです。「ならばやる」と数名の〝ワルガキ〟たちが立ち上がったのです。

一ドル三百円の時代ですから、親御さんたちには経済的な「負荷」がかかるというわけです。でも、家でゴロゴロされるよりはマシと考えた親御さんが、ドンドン手を挙げてくれました。将来への投資と考えられたのでしょう。

「おお、それは親子ともどもエライ負荷やな」と思われるでしょうが、本当の「負荷」はこれからです。

小・中学校にもロクに行かず、英語のエの字も知らず、それどころか彼らは昼夜逆転していて、十分に食べていなくて運動もしていないので体力も落ちているし、机に座って長時間学ぶという学習態度もゼロどころかマイナスという状態です。

その彼らがアメリカの大学に進むというだけで十分「負荷」でしょうが、その彼らに長い夏休み（およそ三ヵ月）の後半の一ヵ月で「英語劇」をさせることにしたのです。なぜかというと、辛いけれど面白いからです。下手な日本人の英語で、アメリカ人を笑わせたり泣かせたりしようとするのですから、大胆で面白い試みでしょう。

結論から言います。この「英語劇」はもうすでに二十年目に入っていますが大成功です。長い英語のセリフをそらんじて演じるだけではないのです。観客集めのためのチラシも舞台上の大道具、小道具、当日の照明も録音も、すべて自分たちでするのです。「負荷」どころか「大負荷」です。

やるからには本格的なほうがいいでしょう、ということで、友人のブライアンというプロの演出家（現地ではとても有名です）と、彼のお弟子さんたち、総勢八名のチームに指導してもらっています。

毎夏、いまでは観客も二百名近く集まり（大学の学長さんたちも）、すでに現地の風物詩といった感じです。毎回、現地新聞やテレビが大々的に報じてくれるほどです。

それどころか、彼らにとっての「負荷」はまだあるのです。

この演劇をシアトルでする前に、一ヵ月、私と北海道道東の弟子屈町で合宿をするのです。今年は、五十八ページでも書いたアメリカの精神分析医・エーリッヒ・フロムの名著

『生きるということ』を教材に、知的には相当高度な講義をします。これは、日本語で、です。思考力を母国語でつけようというねらいです。

ちなみに、AIEは卒業まで禁酒禁煙です。これくらいの覚悟がないと「学位取得」はおぼつきません。

AIE生（およそ五十名）たちが、この長期合宿のすべてを自主運営するのです。テニス大会、大運動会（OBや親御さんを交えて）、エクスカーション（日帰り旅行）、スペシャル・ナイト・サロンと称する一流ホテル（ここを根城にしているのです）大宴会場で、OB、親御さん、地元の人々を招いての歌あり、踊りありのいわゆる〝演会〟です。

そうそう、この合宿の前に神戸で、アメリカでの一年の勉強の後の帰国の挨拶代わりに、親御さんやOBを集めての（五百名ぐらい）「リユニオン」という「音楽祭」を催します。これも手前ミソですが、生バンド、コーラス等のプロ顔負けの出来で大好評です。このための練習は、現地で勉強の合間にするのです。

この留学プログラムを成功させるために、現地シアトルでは工夫に工夫を凝らしています。その第一が、私たちが独自の学生寮を三つ持っていることです。加えて大学の構内の寮の一画をAIEが使用しています。もちろん、三十四年前の当初からこれも自主運営です。

考えてみれば、これらはすべて「負荷」でしょうが、この「負荷」に見えるプログラムがあってこそ、卒業率九十五％という実績を残しているのです。

親しくさせていただいている代議士の鳩山邦夫先生も（文部大臣もされていました）これには「たいしたものだ」と脱帽してくれました。

なぜ、この「負荷」と思える事柄がうまくいくのか？　それは「楽しい」からです。北海道の合宿の前には、彼らはウキウキしています。「リユニオン」もそうです。それは楽しそうに、舞台狭しと歌って笑って飛び跳ねています。それを見ている後輩たちは、その溌剌とした先輩に憧れて、後に続けとなるのです。

シアトルの英語劇もトキメキいっぱいです。この勢いで九月からのレギュラーコースに突入するのです。このエネルギーがあるからこそ、「負荷」を負荷と思わないのです。逆にエネルギーになるのです。

まさに「面倒だからやってみる」と、「遠くに行けて」、〝奇跡〟のような〝大変革〟が可能になるのです。この力が「レジリアンス」なのです。

目的が簡単に達せられない苦労ほど、結果的にその人の役に立ちます

私が日ごろ「業務遂行」上で重宝している「スルー方式」という発想法があります。これも「負荷」方式に負けないくらい役に立ちます。

業務遂行上というより、この発想法を根本にして、日常の生活、仕事のみならず、人生そのものを過ごしていることに最近気がついたのです（自分のしていることは、あまり自覚しないで行っていますから……）。

そしてまた、この発想法が「レジリアンス」と、もう一つ、「健康心理学」の主張（後述）に見事に通じていることにも気がついたのです。「スルー」とは英語の「through」のことです。

Peace and Happiness through Prosperity.（繁栄によって平和と幸福を）の頭文字を取ったことで知られる「ＰＨＰ研究所」は、経営の神様といわれた故・松下幸之助氏（旧松下電器、現パナソニックの創業者）が、世直しのために作られた出版社で

すが、このときの「スルー」です。「よって」とか「通して」と訳されます。

これを、「野球を通して元気になる」とか、「下座業（玄関の掃除など）を通して人間力を高める」などに応用します。

つまり、野球の練習をするときは、野球で勝つこと自体が目的ではなく、最終目標はあくまで〝元気になる〟ことで、〝野球が上手になる〟〝優勝する〟などのことは副産物です。

アメリカの大学に留学することも、学位を取る（卒業証書を得る）ことが目標ではなく、〝人生修行をする〟〝人間力を磨く〟ことが最終目標で、学位を取ることは、あくまでも〝おかず〟です。世間では、この〝おかず〟のほうをメインディッシュにするのでしょうが……。

なぜ、この「スルー方式」を使うかというと、このほうが結果的に、世間的な目標を達成する確率が高くなるからです。

世間では卒業証書を手にすることを目的にします。この考えを「目的論的人生観」といいます。私はそうではなくて、より高い目標をかかげることによって、「結果」として卒業証書が手に入る。よって、このことを「結果論的人生観」といいます。

アメリカの心理学者ゴードン・オルポートが主唱する「健康心理学」は、「永遠に達成されることのない目標を追い求め、絶えず奮闘している人にのみ救いはもたらされる」と主張しますが、私の「スルー方式」はこのオルポート説と見事合致するのです。

「永遠に達成されることのない目標」、言い換えれば「見果てぬ夢」を目指していれば、もうおわかりのように、その途中での奮闘はつねに「スルー」（過程）の一部です。野球の優勝も大学の卒業も、「スルー」の一部です。

しかしもっと高い目標、簡単には達成されない目標である〝人間力を磨く〟ことを目指して奮闘するうちに、結果としてこの「スルー」の一部である優勝や卒業などの世間的な成功など、知らないうちに達成されてしまうのです。これが私の言う「結果論的人生観」です。

この「スルー方式」で、淡路島や北海道のファームも開園し、高校野球部も奮闘しています。よってその結果、勝利の確率が高くなるのです。この「スルー方式」で日々を過ごすことによって、「幸福になる」「人生の成功者になる」確率も上がると信じます。

この発想法を使えば、遠大な目標の前で悪戦苦闘のうえ無力感にとらわれたり、挫折しそうになったりしている人も、心機一転、勇気を得られます。目的が簡単に達せられない苦労ほど、結果的にその人の人生に役に立つのです。

この発想法が〝レジリアント〟人間を育てはぐくむのです。一見すると無理のように思えますが、このほうが理にかなっているとは思いませんか。バイブルにも〝目を挙《あ》ぐ〟と記してあります。昔から〝良薬口に苦し〟と言われますが、この方式は、口にも苦くないし、効果も抜群なのです。

「永遠に達成されることのない目標に向かって奮闘する人にのみ、救いはもたらされる」（ゴードン・オルポート）

「達成できない目標」に目を向けさせて走らせることは、まさに一つの〝負荷〟です。

わざと少々無理なことをさせることで、立ち直る心の病もあります

前項で紹介したゴードン・オルポート博士の「永遠に達成されることのない目標を追い求め、絶えず奮闘している人にのみ救いはもたらされる」という考え方は、治癒の四段階説でいうならば、

1、自然治癒、2、医療治癒、3、レジリアント的治癒、4、社会的治癒の四段階目の〝社会的治癒〟にあたります。ウチの塾で採用しているプログラムも、ほとんどがこの〝社会的治癒〟にあたります。

これは、いままで述べてきた三段階目の〝レジリアント的治癒〟の概念を前提にするものですが、この四段階目の治癒の一つの特色は、患者に〝負荷〟をかけることです。

つまり、〝少々無理なことをさせる〟ということです。

ウチでいろいろ催すプログラムは、すべてそうなっています（私は、こういう難しい理論を自覚せずに、ある種のカンで考案したのですが……）。

オルポート博士のこのコトバは、まさに、この理にかなっていると思います。

「達成できない目標」に目を向けて努力させることは、まさに一つの〝負荷〟です。しかし、そのことによってわれわれは「救われる」のです。

参考のために、オルポート博士のコトバを付記します。

「健康な人間は、過去の束縛から自由である」

「成熟した人間は、現在によって導かれ、未来への意図や期待によって方向づけられる」

「人格の中心的側面は、希望や憧れである」

「幸福、それ自体が目標ではない」

「幸福とは、志望や目標を追求しているときに得られる副産物である」

「健康な人間がめざしている目標は、究極的に見れば達成不可能である」

余談ですが、「健康心理学」とは、旧来の精神障害者の心理を研究するのではなくて、健康な面に注目しようという試みです。このことは、心理学者の中で、〝大きな変化〟として脚光を浴びています。

最新の心理学は、人間は悲しいことを「忘れない」からこそ生きていけると教えます

「人間は、悲しいことを忘れるから生きてゆける」

これは、大作家・五木《いつき》寛之《ひろゆき》氏の言葉です。言われてみれば、なるほどそうですよね。いちいち悲しくて辛い出来事を胸中に留めていたのでは、苦しくて生きてゆけませんから……。なるほどなるほどです。

ところがつい最近、これと真反対のことを口にする心理学者がいるのです。これまた説得力があるのです。アメリカの若き心理学者（ポートランド州立大学講師）、ロバート・ビスワス=ディーナーです。

「ポジティブ心理学界のインディ・ジョーンズ」の異名を持ち、『「勇気」の科学』（大和書房）で、大胆な発言をしています。

アメリカ中西部のアーミッシュからグリーンランドのアザラシ狩猟民族と十年間、現地生活を共にしながら、そして、ケニア南西部のマサイ族と生活するうちに、これらの大胆

な〝発言〟にたどり着いたというのです。

〝勇気〟の反対概念は〝臆病〟ではなくて、なんと〝恐怖〟だというのです。いままでなんとなく〝臆病者〟だから勇気ある行動ができないのだと思い込んでいましたから、〝恐怖〟と言われて「おっおっ」と思いました。

ならば、〝恐怖〟を克服すれば〝勇気ある人間〟になれるということですよね。

いまどきの若者が〝勇気ある人間〟に憧れるかどうかという問題はありますが、アメリカに留学しているAIE生は、北海道の合宿中に問うと、全員が「もし可能ならば」と挙手していました。

ディーナーいわく、「勇気とは、危険、不確実性、恐怖があるにもかかわらず、同義的で価値ある目的に向かっていく行動意志である」と。不確実なことに向かっていくには、言われてみれば確かに勇気がいります。

危険で怖いものに立ち向かうには当然勇気がいります。なるほど言われてみれば、そのとおりです。こちらも、なるほどなるほどです。怖くなくて、確実にそうなると事前にわかっていれば、誰でも行動に移しますよね。納得です。

要するに〝やるぞ〟という「意志」と、「恐怖」を〝コントロール〟する、というこの二つの要素が〝勇気〟には不可欠だということです。この若き心理学者は、「この二つの能力を高めればあなたの人生はより実り多くなる」と迫るのです。そして、この勢いで、「私たちが精神に衝撃を与えるトラウマ的な出来事を体験すると、脳はその重要な体験の記録を後で活用するために、細部を覚えようとする」

と大脳生理学を応用しながら言い切るのです。

つまり、人間は、辛くて悲しくて苦しいことを体験すると、脳がそれを記憶し、後の人生で活用しようとするのだということなのです。要約すれば「人間は悲しいことは忘れない」ということなのです。

もっと言えば、「人間は悲しいことを忘れないから生きていける」ということにもなるでしょう。

どうです？　大作家・五木氏と真反対でしょう。

でも、考え方によっては、人間は「悲しみを忘れたつもりになって生きている」のかもしれませんね。忘れたつもりになっても、ちゃんと心のメカニズムは、忘れないようにサポートしている。だから生きていける、のかもしれないのです。

「トラウマを体験すると、
脳はその体験の記録を
後で活用するために覚えようとする」
（ロバート・ビスワス＝ディーナー）

悲しいことや辛いことをずーっと考えて、
ずーっと思い悩んで、そして花が咲きますか。

悲しみは忘れられなくても、ちょっと他へ移してみたらどうでしょう

「悲しいことを忘れるか、忘れられないか」に関して、もう一つヒントになることがあります。

それは、インドの神秘思想家クリシュナムルティの言葉です。彼は、つねに「Forget!! Forget!! 忘れなさい、忘れなさい」と優しい声で語りかけていました。

私がこの神秘思想家を初めて目にしたのは、アメリカの仕事をしはじめた直後です。三十二、三歳のころですから、もうかれこれ四十年近く前です。ロサンゼルスのラシエネガという通りに居を構え、本格的にスタートしたとき、テレビをつけると、画面いっぱいに白髪の老人が映り、両足を組んで座った後ろには、灰色の大きな造花のようなものが飾ってありました。

そして、柔和な表情でゆっくりと、じつにゆっくりと「Forget!! Forget!!」とくり返していました。はじめのころは、何のことだかさっぱりでした。

小さいころから親や教師に、何事によらず「オ・ボ・エ・ロ」と言われて育ちましたから、突然に「ワ・ス・レ・ロ」と言われても、ピンとこないのは当たり前ですよね。すごい違和感があったので、余計に「Forget」できなかったのです。しかも、たしか22チャンネルでしたが、いつチャンネルを回しても、夜中も夜明けも、いつも足を組んで両手をゆっくり左右に揺らしながら語りかけているのです。

この人、いつ寝て、いつ食事しているのだろうと不思議に思えました。いまならわかりますよ。この「神智学協会」という組織がこのチャンネルを買い取っていて、そしてトップの説教を流しているというのは……。

しかし、四十年前のロサンゼルスでの出来事です。そんなこと思いもつきませんでした。

このクリシュナムルティの「忘れなさい」説教、それ以後、私の仕事上で大いに役立つことになるのです。私のセミナーで会場の親御さんや生徒に、「忘れなさい。忘れるようにしなさい。いまの辛いこと、いままでのしんどいことを、皆さん忘れましょうよ。忘れることにしましょうよ」と、どれほど語りかけてきたことか。

おそらく皆さん、私がクリシュナムルティに出会ったときといっしょで、何のことかはじめはさっぱりだったでしょうね。

わが子が不登校して、家でゴロゴロしている、無表情でつまらなそうな顔をしている、そんな子のことを忘れなさいといったところで頭から消えませんよね。

クリシュナムルティはもう一つ、「Don't think! Don't think!」とも言っていました。「考えるな」ということです。これもまた〝衝撃〟的な言葉です。私たちは小さいときから、「もっと頭を使いなさい。もっとよく考えなさい」とばかり叱られていましたから。

学校に行けなくなった子らに、「考えるな」といったところで、この子たち、頭の中は自分のことでいっぱいです。親御さんもしかりです。

親子で悩み考え込んでいるときに「考えるな、忘れなさい」と、いくら優しく語りかけても無理な話というものです。

でも私は、この四十年、そう言いつづけているのです。なぜならば、悲しいことや辛いことをずーっと考えて、ずーっと思い悩んで、そして花が咲きますか。

ずーっと考える、ずーっと思い悩むことをやめて、ふっと気持ちや視点を別に移してみることです。ときには自分に休息を与えるのです。クリシュナムルティとの出会いは、私には大きなヒントになりました。

「すべてに〝時〟あり」、どんな悲しみも〝味わって〟いるうちに消える〝時〟が来ます

北海道の夏期合宿のある一日、AIE生の昂《たか》まりすぎた「ドーパミン」（やる気物質）を鎮《しず》めるために、「ノトロ（能取）」という海岸にカレイ釣りにでかけました。気持ちをトロッとさせることも必要ですから。

砂浜でバーベキューしたり、ボール遊びしたりノンビリしてきました。

私たちは早朝に起き、六時半から二時間、隣り百姓組たちが開墾《かいこん》中の原野（五ヘクタール）の「道作り」に汗を流しました。そのあと〝ノトロ〟です。気分すっきりの一日でした。

「すべてに〝時〟あり」

この言葉は、キリスト教の教えの一つです。人生上のすべからくの事柄に対して、〝現れる〟ことも〝消える〟ことも、すべてに与えられている〝時〟というものがあるのだから、〝このとき〟こうしたいとか〝あのとき〟ああしたいとか、自分の都合で決して焦る

のではない、という教訓です。

人間、七十一年も生きてくれば、いかにバカな私でも、二つや三つ〝悟る〟ことはあるのです。「すべてに〝時〟あり」は、その一つです。このごろつくづくそう実感します。

　この〝教え〟を教育現場に当てはめてみるならば、子どもの成長にイライラする親御さんに、「お母さん、〝咲く花〟は必ず咲きます。必ず咲きますから、もう少し静かに待ってください」という声かけになるのです。

　でも、親御さんがイライラされるのも十分にわかります。子どもが小学校の三、四年から動けなくなり、すでに学年にして高一。同級生はドンドン前に行っているのに、〝ウチの子〟は家でごろごろ、焦って当たり前です。

　ただし、厳しいようですが、現場感覚でいうと、「摂食障害」で治るのに平均十年。同じように、学校に行かなくなった（行けなくなった）場合は、明るい笑顔を取り戻すのに十年ぐらいかかっています。

「箸が転《ころ》げても可笑《おか》しい」十七、八歳の笑い盛りのときに、無表情な沈んだ顔をされたのでは、それを目にするお母さんがイライラするのは当然ですよね。

　しかし、〝急《せ》いてはコトをし損じる〟で、焦るとオデキは余計にウムのです。まさに

「すべてに〝時〟あり」なのです。この宗教次元ともいえる状態に気持ちを鎮めて、悩める子どもを〝見守る〟覚悟を、一日も早くすることです。

見守るどころか、私はセミナーなどで、〝味わい〟ましょうと声掛けしています。

「コトは必ず解決します。〝咲く花は必ず咲く〟のです。この間見守るだけではなく、この悲しみのときを〝学び〟ましょう。悲しみの底の景色をよくよく見て〝味わい〟ましょう。そして、悲しみを知って他人の悲しみをわかる人間になりましょう。そうすれば、人間としての幅も広がるでしょうから、奥も深くなるでしょうから。子どもたちも同様ですよ」

と励ましにもならないような言葉掛けをよくします。そして最後に、必ずこのひと言「すべてに〝時〟あり」を添えるのです。

この〝宗教次元〟の言葉を、医療現場の只中《ただなか》にある矢作直樹《やはぎなおき》先生が（次の項で詳しく述べますが）、口にされているのを知って驚きました。

私のような文学や宗教の立場の人間が口にするのは許されるでしょうが、医学者であり、科学者である人が、確信を持って発言されているのを知って驚愕《きょうがく》です。

「私たちは、すぐに答えを出さなければいけないと思いがちです。でも、答えは出すものではなく『出るもの』だと私は感じています」

と述べ、

「死ぬか生きるか、十分間勝負の救急医療の現場にいる者が、優柔不断で情けないと思うかもしれませんが」

と前置きして、

「私は〝時が解決する〟という言葉に神意を感じます」

とおっしゃっているのです。

〝咲く花は必ず咲く〟のです。
この間、悲しみを知って
他人の悲しみをわかる人間に
なりましょう。

〝時が来るまで積極的に待つ〟覚悟で、
悲しみの底の景色を味わおうではありませんか。

自分の都合に合わせようとしないで、〝時の薬〟が効くのを待ちましょう

東大医学部教授で、医学部附属病院救急部・集中治療部部長の肩書を持つ、五十八歳のまさに働き盛りの矢作直樹先生が、力を込めて、〝時が解決する〟と言い、果てはそこに〝神意〟さえ感じると断言するのです（詳細は先生の最新刊『おかげさまで生きる』〈幻冬舎〉にあります）。

こんな発言に驚くのは私だけではないでしょう。興味を持ってこの先生の発言をひろってみると、にわかには信じられませんよ。「えっ、これ医師の発言なの？」といった感じです。

まず、矢作先生、「あの世はある」と言い切るのです。死後の世界のことです。「私は亡き母と会ってきた」とおっしゃるのです。そして、私たち凡人に「あの世で面会したい人と会えますよ」と、さりげないのです。

続いて「降霊」はあり、「霊性」の存在は当然で、「魂レベルで私たちは皆つながってい

る」と、これまたさりげないのです。

「人間を常に見守る大いなる存在を、私は神の摂理と呼んでいます」「おかげ＝〝御蔭〟という言葉に象徴される超力」など、矢継ぎ早にビッグワードの連発です。

この矢作先生の発言に、皆さんはどう反応されるか知りませんが、現場屋としての私は、まさに〝百万の味方〟を得た思いです。圧巻は、次の一文です。

「気というのは〝生命の源〟です。血液と違って目には見えませんが、全身を駆け巡るエネルギーであり、常に私たちの体を出入りしています」

つね日ごろ「宇宙につながれ、そうすれば大宇宙から〝気〟がすーっと入ってくるから」と暴言まがいのことを平気で口にしている私なんか、飛び上がるほど嬉しい言葉です。「気は自然界に普通にあるものです」と言ってやまない矢作先生、まさに平成の貝原益軒《かいばらえきけん》（江戸時代の医学者『養生訓』で有名）です。

矢作先生のご発言に（信じられないようなコトバの連発）、少々興奮しつつ年甲斐もなくはしゃぎすぎました。しかし、世の中にはすごい人がいるもんですね。

いずれにしろ、「すべてに〝時〟あり」なのです。何事も、自分の都合に合わせようとするから余計にイライラするのです。野に咲く花のごとく、春には春の、秋には秋の花が咲くのです。

〝必ず咲く〟と信じて〝時が来るまで積極的に待つ〟覚悟で、悲しみの底の景色を味わおうではありませんか。そして、心の広い深い人間になろうではありませんか。

不登校の現場から言うと、親を困らせ苦しめたその子が、輝いて見えてくるようになれば、〝不登校物語〟もそろそろ〝終末期〟です。「そんな日は来るの？」と思われるでしょうが、いま私の身辺にはキラキラ輝く夏の夜のホタルのような若者がいっぱいいいます。この現場を矢作先生に見てほしいくらいです。

どんな逆境にも「なんとかなる」とつきあい、ダメなら「しかたねえ」と見切ったわが母の知恵

こうしたさまざまな「悲しみ」や「苦しみ」や「逆境」などに対処する〝知恵〟を見てきて、思い出したのが私の母の〝明言〟です。

〝名言〟というほど大げさなものではないのですが、確実に私の子ども時代を照らしてくれた〝明言〟なので聞いてください。

私は日ごろから、母の次の四つの言葉を聞かされて育ちました。

難しい教育論などとは無縁の、そのころはよくあった母親たちの本能的な教えだったでしょうが、いまでもこの言葉さえあれば、自分も子どもたちも大丈夫な気がします。

一、「とにかくせっせとやってみよう」（勤勉）
二、「ちょっとしんどきゃがまんしよう」（忍耐）
三、「そうすりゃなんとかなるじゃろう」（肯定）

四、「それでもだめならしかたねえ」（諦め）

母は、どんな逆境にも苦しいときにも、もちろん最初から諦めてはいません。まずはとにかくこつこつせっせと「勤勉」であることに努め、しんどくなったらじっと「忍耐」しながら、「なんとかなる」と「肯定」的に構え、とことん頑張りました。

そのうえで、どうにもならないときは「しかたねえ」とすっぱり見切って「諦め」ていました。とにかく母は、いつもこの四つの言葉を呪文のように口にしていたのです。

そうしてほんとうに困ると、とくにこの最後の二つの言葉、「なんとかなる」と「しかたねえ」しかなかったですね。私にとって苦労人の母は、インドの哲人クリシュナムルティに勝るとも劣らぬ存在でした。

若き心理学者が、十年の先住民との生活体験や大脳生理学を駆使して〝脳は悲しいことを記憶するのだ〟と言っても、悲しいことや辛いことは、忘れ去ることも必要でしょう。これが知恵というものです。知恵はときには、知識に勝るものです。

五木寛之氏は、知恵者です。だから大作家になったのです。五木氏もクリシュナムルティも、そして私の母も東洋人です。

悲しいときは、このオリエンタル・ウィズダム（東洋の知恵）がいいですね。

日本には「水に流す」という言葉もあります。

トラウマになるような悲しい出来事を「しかたねえ」とポイと脇に打っちゃって、「忘れる」ようにして「水に流す」。この老母流「東洋の知恵」も、幸せへの一計かもしれません。

トラウマになるような悲しい出来事を、
「しかたねえ」と「水に流す」のも
幸せへの一計かもしれません。

まずは〝飛び込んでごらん〟というこの第一歩が、
じつは不安でなかなか踏み出せないのです。

自分の悲しみや苦しみに閉じこもった子には、その悲しみ苦しみを丸ごと受け止めてやってください

私は子どもたちが「レジリアントな人になるための第一歩」として、「自分離れをしてごらん」と言っています。

ウチで〝元気になった人〟のきっかけで一番多いのが、〝丸ごと受け止めてもらった〟という言葉です。〝丸ごと〟とは、無条件に、問答無用に、要するに、盲目的に欠点などをそっくりそのまま、ディズニーアニメ『アナと雪の女王』の主題歌ではありませんが、「ありのままに」受け止めるということです。

かつてフォークデュオ「あのねのね」が歌った「みかんの心ぼし」という歌の中に、「ありのままに生きようとした蟻は」と何回もくり返し、最後に「ありのままだった」という歌詞がありましたね。これまたちょっと古いですが……。

それと同じで、どんな不良っぽい子や自閉的な子でも、まず〝丸ごと〟受け止めるのです。

なぜそうするのか。じつはこの問題は大変やっかいな問題です。この事柄だけで一冊本がいるくらい難しいことです。「行為」と「存在」という哲学的なことになるからです。簡単に言えば、現場にいる私は、彼らの表面的な「行為」をあまり重視しません。それよりも私の心眼に映る「存在」、つまりは「人間性」に目をやります。

まあ言ってみれば、常識的にはありえないことで、これは宗教次元の行為です。朝寝坊しようが、タバコを吸おうが、悪態をつこうが、それらをそっくりまず受け止めるということです。

この子たちの多くは、「人間不信」を根強く持っているからです。

やっかいなのは、本人たちがそのことを自覚していないということです。無意識なのですからやっかいです。どうして、そういう人間になったのかは別次元の問題ですが、とにかく全身〝不信感〟で満たされているのです。

まずは、この〝不信感〟を払拭しないといけません。だから、〝丸ごと〟ありのままなんです。これは、受け止める側からの景色で、当人の側から見れば、とにかくまずは〝飛び込んでごらん〟ということになるのです。

ただ、この第一歩が、当人にとっては不安で怖ろしくて、なかなか踏み出せません。

だからこそ、この不安を押し殺して歩み出そうとしているのですから、その勇気を評価して、まずは〝受け止める〟のです。

少し難しく言えば、その当人がいままでに慣れ親しんだ習慣や思考法や語句などを手離すための第一歩になるからです。

前述した精神分析医のエーリッヒ・フロムは、「最初の小さな一歩によって生じる不安に耐えなければならない」と言って高く評価しています。

塾では〝受け止めた〟あと、ここに〝はまりなさい〟〝セミナーにはまりなさい〟〝合宿にはまりなさい〟と、やたらと、この〝はまる〟運動で賑わっています。塾で元気になった子たちが〝エビデンス〟になって協力的です。

この〝自分離れ〟が、レジリアント人間になるためには、第一歩として大切です。この〝自分離れ〟が、師友塾の各イベントのメインテーマなのです。

「母に抱かれる愛」の大切さを実証した「牛締《うしし》めつけ機」の研究

つぎは、前述の加藤敏先生の編著『レジリアンス・文化・創造』の中で加藤先生が紹介されているきわめて印象的な事例です。要点をダイジェストさせていただきましょう。

コロラド州立大学准教授で女性動物学者として世界的に有名なテンプル・グランディン博士（一九四七〜）の話です。博士は、同時に自閉症の専門家としても有名で、二〇一〇年、タイム誌の「世界で最も影響力のある百人」にも選ばれました。

じつは、博士の『我、自閉症に生まれて』という自伝でもわかるように、彼女自身、幼少期から後の活躍など思いもよらない重症の自閉症でした。

その病歴をたどると……。

――生後六ヵ月、母が抱くと体を硬直させて獣のようにひっかいた。三歳、神経外科医を訪ねる。普通の子どもでない逸脱行為出現。三歳半、言葉の遅れがあり応答不可。小中学校時代を通じて、ＩＱは高いのに成績最低、しかしもの作りを好む。小学校高学年時、週一回、三年間、児童精神科に通う。十三歳、情緒障害者用の寄宿制マウンテン・カンツリー校入学。超過敏性によるパニック発作。聴覚過敏で電話のベルにおびえ、刺激を除外できる自分自身の世界の中へ逃避をくり返した。言語自体が彼女にとっては違和感を覚えさせ、他人の話、言葉のリズムについて行けなくなった。——

そんな彼女に、転機をもたらす体験が訪れます。

それは、高校二年生の終わりの夏に、叔母の牧場を訪れたときのことです。

その牧場で彼女は、牛に烙印を押したり、注射を打ったりするとき、牛があばれないようにするために入れられる「牛桶《うしおけ》」の作業をしました。そしてその牛桶に入った牛に魅せられ、何時間もじーっと観察していました。荒々しい子牛が、牛桶で体を締め付けられると、二、三分もしないうちに静かになっていくというのです。

その理由は、「優しい圧迫感が過剰に刺激された子どもの神経を慰撫《いぶ》し楽にさせたのだろうか」「もしそうなら、この優しい圧迫が私を助けてくれるだろうか」と考え、叔母の許可を得て、自分も実際に牛桶の中に入ってみます。

するとと彼女は、子どものころ肥満体の叔母に抱き締められたことを思いだし、そのときには、その圧迫からすぐ逃れられたのと違って、この牛桶からは逃れることができないのを感じます。そして、牛桶の効果は、「刺激的でありながら同時にリラックス感をもたらした」というのです。

さらに、自閉症者である彼女にとってもっと大事なことは、「情愛の過剰表現の中に呑み込まれるような感じではなく、私自身がコントロールする立場にあり、締めつけの程よさを叔母に指示できたこと」だと言っています。

この体験から、彼女は自分用の「締めつけ機（Hug Machine）」らしきものをスクラップ板で作り、改良を加えていきます。そこに入った効果について彼女は、

「何度となく快感を覚え、愛について考えた」

と述べています。自分が母親や先生や叔母たちに近くなったような気がし、自分の「触覚防衛」を破って、これらの人々の愛や思いやりを感じられ、他の人たちに関する思いを表現できるようになったというのです。

十九歳になると、この「締めつけ機」により彼女はさらに成長し、成績もよくなりまし

た。大学時代になると、この「締めつけ機」を本格的に研究し、「環境刺激感覚圧迫器具」と名づけます。こう名付けられた締めつけ機の意義・役割について、彼女は、「母に抱き締められ、あやされているような感覚を与えてくれる」と語ります。その後、彼女は他人とのコミュニケーションも進歩し、おだやかになり、人と共感することも学ぶなど、自分の自閉症を克服していったのです。

この「締めつけ機」は、彼女の生身の体を包む「身体容器」であり、その考案・作製を通じて、従来十分にできていなかった身体の構成自体を進めることができると同時に、いままで拒否していた言語世界にも、うまく入り込むことができたというのです。

じつはこの「締めつけ機」以前にも、彼女は自分の身体容器を探していた形跡があるようです。子どものころ、自分が入れるような縦横一メートルくらいの穴があればと思ったり、樽状のものの内部に人間がへばりついて転がる乗り物で不思議な快感を得たり、高校時代には建物のてっぺんの物見塔に入り込んだりしたといいます。

これらはいずれも彼女の身体容器として、他では得られないリラックス感を彼女に与えていたのです。

大学ではその後、この身体容器としての「感覚総合と牛締めつけ機」を卒論のテーマにして心理学博士となり、アリゾナ州立大大学院に進み、農牧動物行動の研究に進みます。五十歳になると、イリノイ大学で動物学博士を取得。コロラド州立大准教授になっただけでなく、この経験を生かして牧場・飼料場・精肉工場などの設計を手がけ、ビジネス界でも大成功したのです。

このグランディン博士の経験から見て取れることは何でしょう。まさに「レジリアンス」の発現そのものではないでしょうか。

幼少時より、他者や周囲に対する直感的な感覚が極めて鋭かった彼女だったがゆえに陥った自閉症。そこからの脱出のために自分をリラックスさせてくれる身体容器としての「締めつけ機」に打ち込み、結果、「母に抱き締められ、あやされている」ような心の安定・平和を得ることができました。

それだけでなく、学者として、またビジネス界でも成功という、世間的にも充実した人生を獲得できたのです。

自閉症という逆境を、まさにその自閉症のもとになった感覚の鋭さを生かした研究・考案によって跳ね返し、人生の「勝利者」になった博士の事例は、「レジリアンス」の典型的な例として参考になると思います。

身体容器の「締めつけ機」に、

「母に抱き締められ、あやされている」

ような心の安定を感じたのです。

喪失の悲しみを胸に秘めながらも、ときに笑顔が
浮かべられる人のほうが、立ち直りへの適応度は高い。

「悲しみ」から逃げないで、「レジリアンス」を高める十一の知恵

悲嘆から立ち直り、もう一度前進できるようになるのは、人間の素晴らしい「レジリアンス」能力です。

世界最大のビジネス誌「フォーブス」でも、「世界中の億万長者の約三分の二は不屈の精神と決意をもって、無一文から現在の資産を築いた」と報じていました。

その中で、逆境に圧倒されてしまう者もいれば、強い意志で傷つかずに立ち上がる者もいる現実を、いままで「悲しむ力」と「レジリアンス」の観点で見てきました。

この章の最後に、悲嘆の克服やレジリアンスに関して、さらにいくつかの具体的な提案をしておきたいと思います。

コロンビア大学の臨床心理学教授・ジョージ・A・ボナーノ博士（「悲嘆に関する研究」の大家です）が書いた『リジリエンス――喪失と悲嘆についての新たな視点』（高橋祥友監訳、金剛出版）という本に、とても参考になることが書いてあったのです。

この訳書では、本の題名や本文で「リジリエンス」と表記していますが、いままで書いてきた「レジリアンス」と同じ言葉です。

三百ページに及ぶ大著ですが、その中の随所に、悲しみや逆境の克服に役立ちそうないくつもの指摘があったのです。いずれも悲しい状況や逆境の中で、そこから逃げずにレジリアンスを高められる対処のしかたです。

これをヒントに、私なりの理解・言葉で、箇条書きにまとめてみます。

一、**笑いの効用**——喪失の悲しみを胸に秘めながらも、ときに笑えたり笑顔が浮かべられたりできる人のほうが、立ち直りへの適応度は高い。悲しい思いをしている人の傍《そば》にいると、他の人も悲しくなるので、笑いによって悲しみの伝染を防げる。

二、**直視の効用**——レジリアンスの高い人は、苦痛を他に向けることをしない。

三、**思い出の効用**——肯定的な記憶や感情は脳を柔軟にし、心の平穏を促す。

四、**時間の効用**——前述したように「時の薬」、時間が過ぎると悲嘆も和らぐ。

五、**楽天性の効用**——物事はそのうちうまくいくようになると考えられる。

六、**自信の効用**——いまは落ち込んでいても、そのうち立ち直れると自分を信じられる。

七、**適応力の効用**——与えられた境遇を受け入れるのが早い人ほど、苦痛も早く消える。

八、**感情表出・抑制の効用**――激しい感情も、表出と抑制のバランスを取れる人のほうが、苦しみから抜け出しやすい。

九、**自己奉仕の効用**――「見苦しくても勝ちにいく」(Winning Ugly)、つまり、どんな手を使ってでもやり抜くこと。心理学者は、このことを「自己奉仕バイアス」と呼んでいる。自分の利益になることは何でもやる心理。

(例えば、自分に関係ない人やものをおおげさにもち上げたり、関係のある人やものを、これまた大げさに否定したり、悪口を言ったり、責任を回避したりなど。つまり、飲み屋で、会社帰りに上司の悪口を言ったりして気晴らしをすることなど、これも「自己奉仕バイアス」として許されるということ。これも、一種の心の柔軟さなのです。

自慢話など大いに結構で、私なんぞ、必ず毎日一回は、自分で自分を、しかも人前でセミナー中などで大いにほめまくります。周りの人は〝病気〟といいますが、見事な「自己奉仕バイアス」で理にかなっているらしいのです)

十、**自己救済の効用**――自分を許すこと、自己救済感。愛する人が亡くなって遺された人が、救済感を覚えることがある。愛する親が亡くなり、介護が必要でなくなりホッとして救済感を覚えるかもしれない(この本の著者ボナーノは、父が亡くなったとき、救済感を覚えたと告白しています）。

十一、**グループの効用**――同じ価値観を有するグループに所属し、協力し、互いに助け合うことでレジリアンスが強化される。

以上、この章では逆境や困難に対処する「レジリアンス」の方法が、硬軟いろいろ雑多な提案になってしまいましたが、人それぞれ自分に合った方法、これなら自分にもできそうというものが、必ずあるはずです。

私の母の四つの「おまじない」ではありませんが、まずは「とにかくやってみて」、それがしんどかったら「ちょっとがまん」しながら、「そのうちなんとかなるじゃろう」と頑張ってみてください。

そして、それでもだめなら、「しかたねえ」と一度さっぱり諦めて、また出直しましょう。あなたの中の苦しみ悲しみを跳ね返す「悲しむ力」や「レジリアンス能力」は、いろいろな形で表れてくるはずです。

七章

「悲しむ力」の先には爽《さわ》やかな笑顔があります

日本で受け入れられなかった不登校生たちが、アメリカの大学で新たな〝負荷〟を嬉々としてこなしています

さて最後の章では、こうして築いてきた「悲しむ力」や「レジリアンス」が、その後、どのような発展を見せるか、どれほど前途に希望を輝かせられるかについて触れます。

前の章でも述べましたが、私たちは夏になると、北海道の道東・弟子屈町にやってきます。AIE生の一ヵ月の長期合宿のためです。この合宿をすでに二十四回行っています。メンバーはおよそ五十名、スタッフを入れると六十名近くになります。

AIE生は、アメリカ・シアトルにあるカトリック系私立のセント・マーチンズ大学と州立のピアス・カレッジに通う大学生です。AIEは、現在は本部をセント・マーチンズ大学の中に置き、この学生たちを管理指導しています。

〝日本でダメならアメリカで〟と、ウチの卒業生の進路先の一つとしてアメリカの大学にターゲットをしぼり、独自の寮をつくり、そこでカウンセリングをしながら大学生活をします。そうすれば、この子たちは確実に卒業できると踏んで運営しているのです。

事実、毎年およそ十名の学生がこのシステムで渡米し、これまでの卒業率の実績は九十五％。一般の大学留学生の卒業率が三、四％ですから大したものでしょう。

こうして、不登校生たちの甦りのプログラムが開花したのです。アメリカの大学は、夏休みが三ヵ月近くと長くあります。その間をどのように過ごすかの工夫が肝要です。

当初は、ロサンゼルス郊外のサウザンドオークスにある大学で合宿。そして、バンクーバーのUBCという巨大な大学に場を移し（ここは私が留学生活を送ったところ）、次にシアトルと緯度が同じ弟子屈町に移動してから、二十四回目を迎えるという次第。

ひと夏、エネルギーを注入して、七月末に再びシアトルに戻り、留学生活を続けるわけですが、この合宿のあとシアトルで四週間の演劇公演をして、九月から正規のクラスに突入ということです。

考え方によれば、このような夏の合宿も演劇も余分なことで、卒業単位とはまったく関係がありません。つまり前にお話しした〝負荷〟であり、だからこそ〝レジリアント・スピリット〟に火がつくと言いたいわけです……。

この合宿には、日本を代表する国際政治学者の小室直樹《こむろなおき》博士も、遺伝子研究の世界的権威・村上和雄博士も、講師として来てくださいました。

かつ、高校生レベルの塾生たちは、同じ地で冬と夏、三十五日と三週間の長期合宿をすでに同じ回数しています。

冬は「リトリートスクールin北海道」と名付けて（リトリートとは、自分を見つめなおすという意味です。主にキリスト教界の用語です）より寒い厳寒の地に、わざわざここに来るのです。これも〝負荷〟です。

常識的には〝過重負荷〟に見えますが、あるタイプの子には〝喜び〟に転じ、刺激になり、前の章のテンプル・グランディン博士の「牛締めつけ機」と似ていますが、「レジリアンス」の活性化につながるのです。

この合宿の教育効果は天下一品です。このごろ、教育界で〝合宿効果〟が言われていますが、ウチは設立時より実施し、実証ずみです。

〝日本がダメならアメリカで〟、この柔軟な発想が「レジリアンス」に通じ、だからこそなんとかこれだけの結果、成果を上げられたと思います。それが、いまになって理論的にも裏付けられ、確認できるようになったと私は痛感しているのです。

〝日本がダメならアメリカで〟、
この柔軟な発想こそ、
「レジリアンス」に通じます。

〝発想力〟が〝レジリアント〟を活性化させ、
活性化したレジリアントが、
新たな〝発想力〟のもとになるという好循環。

レジリアントした後何をするか、レジリアントしたからこそそのことをしたいものです

レジリアントした若者（私の周辺の）に、何を一番期待するか。

ひと言で言えば、それは〝発想力〟です。何かを生み出す柔らかい思考力とでもいいましょうか、思考のフレキシビリティ（弾力性）です。

どんなにいい大学を出て、いかにたくさんの知識を詰め込んでいても、何も生み出さない頭脳の持ち主では、いわゆる〝出世〟はおぼつきません。まあ〝出世〟はいいとしても、それでは自分も幸せにならないし、他人をも幸せにできないと思うからです。人生を楽しむためにもこの柔軟な〝発想力〟は不可欠だと思うからです。

かつて、こんな言葉を口にしながら塾を興しました。

「学校のようで学校でなく、

塾のようで塾でなく、

それは何かと尋ねれば、師友塾、師友塾」

となるのです。

〝学校〟は、朝行って夕方帰るものですよね。世間でいう〝塾〟というのは、その〝学校〟の付随的な存在で〝学校〟帰りに、夕方か夜に通う補習的なものでしょう。

ところが、四十年前に私が発想した塾は、いわゆる全日制的なもので、朝から夕方まで授業をするのです。しかし、〝学校〟ではないのです。機能としては〝塾〟的なものでしょう。

このような〝塾〟を発想して師友塾を始めたのです。そして、〝学校〟に行けなくなった子たちを受け入れ、〝塾〟のように教えてきたのです。だから、「学校のようで学校でなく、塾のようで塾でないもの」というのです。

次に「ＡＩＥ」ですが、ＡＩＥのシアトル本部は、これは、日本からの大学生を育てるものですが、そのＡＩＥの国内の機関は、これはいわゆる〝塾〟です。小・中・高生が、学校帰りに立ち寄る〝英語塾〟です。

この塾部門が、ＡＩＥ本体を財政的に支える基盤になっているのですが、その塾部門を二十数年前につくるときの合言葉が次のようなものです。

「子ども英語じゃ物足りない。
受験英語じゃつまんない。
それは何かと尋ねれば、ＡＩＥ、ＡＩＥ」

となるのです。この合言葉を軸にして、既存の巷にはんらんする英語塾に対抗して打って出たのです。お蔭様でいまでは関西に三つ、東京に一つ（たいしたことはありませんが）できて、生徒数も六百名近くおります。

とくに、大阪・神戸間の英語の塾界では、〝神戸にＡＩＥあり〟とまでの評判を受け（勝手にそう思っているのですが）、ある子たちは、まずＡＩＥの英語塾を決めて、他の習いごとはその後に、となっていると耳にします。

東京ではセレブ的な九段にあって、何やら〝隠れ家〟的な存在でひっそりとあります。けっこう著名な親御さんのお子さんが、楽しげに通っています。こうして何とか大手を向こうにまわして生き延びているのです。

いま紹介したこの合言葉も、有用だったと思います。この合言葉に付随して、〝文法より文型〞のキャッチフレーズもパンチがあったようです。従来の英語教育が文法重視の発想でしたので、それを文型中心に切り替えました。教材も教え方もオリジナルなものに作り替え、これは〝当たった〞ようです。

このようにして生まれた同種異文化的な組織が、私の生涯を支えてくれたのです。これも実体験からくる〝実証〞でしょう。事実に勝る説得はなしで、発想力というのは〝力〞になってくれますよ、ということが少しはご理解いただけたでしょうか。

それがゆえに、この〝発想力〞を、周囲の若い人に磨いてほしいのです。その前に「そういうことなんだ」と気づいてほしいのです。

この〝発想力〞が、あなたの体内の〝レジリアント〞を刺激して活性化させ、活性化したレジリアントが、新たな〝発想力〞のもとになるという好循環。これ、どうでしょう。学歴も家柄も大切でしょうが、この〝発想力〞、今後はもっと重要ですよ。手間もかからないし、それに、発想力を育てるのに受験勉強も不要です。

ただ「この力は有用なんだ」と気がついて、日ごろそのように〝発想〞していれば自然と身につくのです。心がけてみてください。あなたの体内の〝レジリアント〞に火がつきますから。

ヘナチョコ野球部員が、全国大会で三位になった「ドーパミン大作戦」とは？

「悲しむ力」「レジリアンス」が機能したとき、脳の中はどうなっているのでしょう。

多分、何か「神経伝達物質」がはたらいているだろうということになります。

ここから先は『脳内麻薬』（幻冬舎新書）という著書でヒットを飛ばしている若き女性脳学者・中野《なかの》信子《のぶこ》先生のご登場です。

私は、尾道の高校（師友塾高校）の軟式野球の監督もしているのですが、この春先、どうもウチのチームが沈みがちだったのです。

それで何とかしないといけないと思ったとき、中野先生の〝麻薬〟に手を染めようと思いたちました。この本を一読したあと、「ドーパミン大作戦」を考案し、それを引っさげて尾道に入り、部員全員を集めて、〝大カツ〟を入れたというわけです。

ただでさえ不登校、引きこもりで、体力も気力もない上に、まったく野球経験がないヘナチョコ部員がほとんどです。

日ごろ、私は彼らのことを「得体の知れない生きもの」と口癖のように言っています。これは決して軽蔑して言っているのではなくて、逆で、愛情をこめ、愛嬌で口にしているのです。それはそうでしょう、朝は起きないわ、親の言うことは聞かないわ、何を考えているのかわからないわ、のないないづくしの彼らです。「得体の知れない生きもの」以外、いったい何でしょう。

そんな彼らを、何とか全国大会にまで連れていきたい。そこで、つぎのような「ドーパミン」の〝麻薬〟いえ〝魔法〟を使ってみたのです。

中野先生のこの本によれば、

「何かを成し遂げ、社会的に評価されて喜びを感じるとき、人間は快楽をもたらす〈ドーパミン〉を大量に分泌する」

らしいのです。そして、

「ヒトの脳は快楽物質という〈ご褒美〉を用意し、遠い目標に向けて頑張っているときにそれが分泌されるしくみになっている」

というのです。この〈ご褒美〉は、「非常に強力」で、これが依存症や薬物中毒のもとらしいのです。依存症になろうが、中毒になろうが、とにかく監督としては、なんとしても五回目になる全国大会に出場させたい、一戦でも多く勝ち進みたかったのです。

かつて（およそ十年前）競走馬に、〃ハルウララ〃という競馬ファンを熱狂させた馬がいました。競馬好きの人は覚えているでしょう。地方の高知競馬場を舞台に（中央ではなく）活躍し、とにかく走るたびに負けるというので知名度を上げました。六十連敗あたりから話題になりはじめ、八十連敗を超えて百連敗目には、五千人を超えるファンがその晴れ姿を見に高知にまできたというのです。

ドンジリだから、「負け組の星」だから人を魅了する。こういう〃実力〃の発揮の仕方もあるのですね。その時代、人々の心に〃ゆとり〃があったのでしょう。でも、今は違うようです。〃一位じゃなくてはダメ〃なようなのです。

ということで、「ドーパミン大作戦」とあいなったのですが、とにかくこの作戦、当たりました。結果は上々でした。

つまり、「全国大会出場！　そして優勝！」と、遠い目標を掲げます。そしてこれを成し遂げれば、社会的に評価され、不登校生なのにではなく、不登校生はスゴイ！　となる。この喜びの予感がドーパミンを、ドパドパ出してくれるのです。

この前途に待つ喜びのイメージに突き動かされ、ヤワだった選手たちがその遠い目標に向かって頑張りに頑張ってしまったのです。

練習でも、勝ちたいならその気持ちをむき出しにしろ！　打つぞと燃えたら、その燃える気持ちを声に出せ！　打てなくて口惜しかったら思い切り口惜しがれ！　と、この私の遠い目標を目指す〝大カツ〟に、選手たちが食らいついてきました。

その結果、中野先生の本のように、「ご褒美」が出ました。さすがに優勝はまだでしたが、準決勝まで進み、見事三位の栄冠を獲得できたのです。

さすがに準決勝で負けたときは、彼らも泣きました。野球部ができたばかりの六年前、地方予選の初戦で大敗したとき、泣く部員に私は言いました。

「負けて泣くなら、勝って泣け！」

もちろんそのときの部員はもういません。しかしそのときといまとでは、涙の濃さが違うでしょう。勝った涙ではないし、すでに来年を期しているので甘いことは言いませんが、でもいいでしょう。その涙を、勝ったご褒美代わりに認めてあげましょう。大いに泣きなさいと……。

くり返しますが、「人間、泣くときには泣き、笑うときは笑いましょう」ですから。

遠い目標を成し遂げれば、
社会的に評価され、
不登校生なのにではなく、
不登校生はスゴイ！となる。

大げさでなく〝涅槃《ねはん》〟だと思います。
「喜びなき快楽」とは違う「真の喜び」が溢れています。

悲しみを通り抜けた後の喜びは、人間をより大きくします

私たちの活動のひとつに、お父さんたちがつくっている〝パパイヤ会〟と、お母さんたちの〝えぷろん・ルーム〟というのがあります。

始まったのは〝えぷろん・ルーム〟からです。もうかれこれ二十年以上になると思います。私は、〝母親〟というと、なぜか〝エプロン〟を思い浮かべるのです。

来客があるとき、「はいはい少々お待ちください」と口にしながら、そそくさとエプロンを外しながら玄関に急ぐ母親の姿っていいものですね。〝平和〟の象徴のように思います。ここから、お母さんたちの学びの会を〝えぷろん・ルーム〟と名付けたのです。

十数年後、この会の活動を見ていた一部のお父さんたちから、「父親の会もしましょうよ」という声が上がりました。じつは、「女性は直感によって動き、男性は経験と知識によって行動する」と聞いたことがあったので、お母さんのほうが〝物わかりが早い〟と思い、お母さんの会からスタートしていたのですが、正解でした。

〝パパイヤ会〟の名称は、はじめは〝ネクタイの会〟とか、ひどいのは、母がエプロンなら父はフンドシだろうということで、一時本気で〝フンドシの会〟になろうとしたのですよ。何がなんでも、これはひどい、センスがなさすぎますよね。

そう思って、子どもたちが日ごろ「パパは頭が固くてイヤ」とよく口にしていたのと果物のパパイヤをミックスして、〝パパイヤ会〟とシャレてみました。

これまた正解でした。両方の会とも絶好調です。この会に参加されているお父さんやお母さんの表情がなんともいえず、ニコニコ笑顔で柔和でおだやかで、これまた〝ここから世界平和を!!〟といった感じなのです。

このお父さんやお母さんの柔和な表情に〝人間の真の喜び〟のようなものを感じているので、「喜び」について書いてみたいのです。

十七世紀のオランダのユダヤ系哲学者スピノザは、「喜びに至高の地位」を与えました。彼いわく、「喜びとは、人間がより小さな完成からより大きな完成へ推移することである」と。同時に「悲しみ」に関しては、「人間がより大きな完成からより小さな完成へ推移することである」とも言っているのです。

この言葉から私は、「悲しみを通り抜けた後の喜びは、人間をより大きくする」と勝手に推論しているのです。なぜならば、悲しみは避けられませんから、そこから逃げるか通り抜けるしかないでしょう。喜びを得るには、この悲しみを通り抜ける力、つまり「悲しむ力」が必要でしょう、というのが本書のテーマでした。

しかし「悲しみ」とセットになったこの「喜び」というテーマも、古来、洋の東西にかかわらず、宗教および哲学の中心的なテーマの一つだったようです。

何気なく「喜び」と言っていますが、それはどんな種類の「喜び」でしょうか、陥ってはいけない問題は「喜び」と「快楽」の混同です。

「人が考えるべきことは何をなすべきかではなく、自分が何であるかである」の名言を残している十四世紀に活躍した神学者で、ドイツ神秘主義の代表者だったマイスター・エックハルトは、「生きていることは喜びをもたらす」と教え、「喜びなき快楽」を断罪しています。

社会的に成功すること、より多くの金を稼ぐこと、お決まりの性的快楽、心ゆくまで食べること、果ては麻薬のもたらす快楽などを、「それらは喜びをもたらさない」と諌《いさ》めています。つまり、「真の喜び」は「快楽」とは違うということですね。

日本が世界に誇る禅師・鈴木《すずき》大拙《たいせつ》は、〝涅槃〟を〝喜びの極致〟と考えていました。

私は、師友塾設立の準備で京都に入ったとき、鈴木大拙の三十一巻の全集だけを持参したので、懐かしく覚えています。若さの勢いで、「一切の迷いを離れた不生不滅の悟りの境地」の〝涅槃〟に憧れたのでしょう。

〝えぷろん・ルーム〟や〝パパイヤ会〟で、お母さんやお父さんたちが見せる笑顔や柔和な表情は、大げさでなく〝涅槃〟だと思います。

とくにお父さん、いままで一家を支えるためもあったでしょうが、社会的な成功など浮世のしがらみの中で、世俗的な快楽の目くらましに遭《あ》ってきたことでしょう。

ここに集《つど》われたお父さんたちは、肩書も地位も関係ない、ひとりの人の子の父として、裸の人間として、屈託のない笑顔です。何かホッとしたような表情をされて……。

お互い、こんなはずではなかったというわが子の苦しみ、家族がらみの悲しみをいやというほど味わってきた〝戦友〟です。肩を叩きあえます。手も握りあえます。

この苦しみ、悲しみを通り抜けた後の喜びで、お父さん自身が人間として一回りも二回りも大きくなられたようです。胴回りは身の細る思いで減ったでしょうが……。

これぞ〝涅槃〟でなくて何でしょう。

エックハルトの言う「喜びなき快楽」とは違う「真の喜び」が溢れています。

悲哀を潜り抜け、逆境を跳ね返して、
〝幸せの砂金〟を見つけられるだけの
「悲しむ力」と「レジリアンス」の力を、
このお父さん、お母さんたちは
身につけられました。

悩み、もがき、悲しみの底を通り抜けたすがすがしい親と子たちの笑顔

〝快楽〟と〝喜び〟は、似て非なるもので、決して同じものではないということを言うために、スピノザの言葉などを引用してみました。

〝パパイヤ会〟や〝えぷろん・ルーム〟、さらには〝苺《いちご》ファームの会〟（師友塾OBのお母さんたちの会で、淡路島の「チューリップの館」の一角で苺畑を耕しておられます）の面々の、あの笑顔は決して快楽の表情ではありません。

東京で開業医をされているお父さんは、週末、夜行バスに乗って淡路の「チューリップの館」に来られ、ピザ釜作りに汗を流されたり、雑草を抜いたりして帰られます。

三重県からのお母さんは、三時間以上も車を走らせて来られます。そして、苺の苗の手入れなどをされるのです。時間もお金もかかります。

「いえいえ、この喜びはお金に代えられません。いまは、子どものためよりも自分の心の癒しのためです。心がなぜかスッキリするのです」

と皆さん、異口同音なんです。ある週末なんか、四十、五十のこの〝喜び〟の笑顔の花がチューリップの花に負けず咲いていています。

このお父さんやお母さんたち、少し前まで、子どものことで悩み苦しみ、まさに、血を吐くような〝地獄めぐり〟をされていたのです。それがいまでは、

「この子たちのおかげで人生の意味が深くなりました。目も覚めましたし……。いまは、この子たちが輝いて見えるんです。ほんとうですよ」

とすがすがしいのです。悩みもがき悲しみの底を通り抜けた後の、この喜びはいったい何なのでしょう。このような人間的な成長のことを、スピノザは「より大きな完成」と言ったのだと思います。

親が子に感謝し、子が親を許す。この光景、何度くり返しても言いたくなります。まさに大拙の言う〝涅槃〟であり、般若心経《はんにゃしんぎょう》の説く〝般若の里〟ですね。

これが、太宰の探していた「悲哀の川の底に沈んで幽かに光る砂金」ではないでしょうか。

その〝砂金〟を見つけた子どもたちは、在学中の野球部他の活動、卒業後のチューリップハウス農園や、その他、教育界・実業界など、幅広い実社会での役割・居場所に向けて

力強く飛び立っています。

その中には、自分が苦しんだ不登校経験を生かして、弱者にも本来の自分が生かせる社会と、そうした素晴らしい日本、誇りある本来の日本を取り戻す政治を志して、代議士になった若者もいます。

自殺直前の引きこもりを克服し、多くの悩める人々を救おうと一念発起して大学で仏教を学び、奈良で有数の名刹《めいさつ》（名高い寺院）の六人の僧侶の一人になった若者もいます。

悲哀を潜り抜け、逆境を跳ね返して、その〝砂金〟を見つけられるだけの「悲しむ力」と「レジリアンス」の力を、こうした子どもたちと共に歩む中で、このお父さん、お母さんたちも身につけられました。嬉しい限りです。

あとがき

〝自分のことは、なかなか自分には分からないものだ〟と聞いてはおりましたが、今回、この一冊を書き上げる作業を通して、そのことをつくづくと実感しました。

書き終えたいま、自分の内に〝涅槃《ねはん》願望〟が、永年、根深く居座っていたことに気がついたのです。

七十一歳まで生きてきて、常日頃の日々の生活の中では、そのことを、あまり自覚したことはありませんでした。

本文の中でも記しましたが、〝涅槃〟とは、「一切の迷いを離れた不生不滅の悟りの境地」のことですが、実は、もう一つ別の意味があるのです。それは、「釈迦の入滅《にゅうめつ》」、つまり「死ぬこと」ということです。ということは、〝涅槃願望〟とは、物騒な話ですが、〝入滅願望〟〝死ぬこと願望〟ということになります。

無自覚とはいえ、このような願望を内に秘めて、今日の物質オンリーの世俗の中で日々を過ごすということは、そのこと自体がある種の人間にとっては、一つの「逆境」になるのです。

そんな人生全体に関わる「逆境」の中で、今日まで〝自死〟もせず、なんとか命永らえてこられたのも、思えば、天から授かった〝レジリアンス〟のお蔭だと思います。

宗教学者の山折哲雄《やまおりてつお》先生によると、「もともと日本民族の文化の根底には、この〝涅槃願望〟がある」のだそうですね。いずれにしろ、今日まで平穏に生きてこられたことは、ありがたいことです。


この本は、梅雨が始まるころに筆を執り、もみじが紅葉するころに、やっと筆を擱《お》くことができました。毎朝、三時に目覚め、朝日が昇るまで机に座っていました。そのあと、日常の雑務が待っています。けっこう、手間暇のかかった作業でした。

しかし終えてみると、ホッとして嬉しくもあり、一方、もう机を離れるのかと思うと、寂しくもあります。

この歳になって、生涯を振り返るような機会を得て、深く感謝しております。

このささやかな一冊が、悲しみに沈む人たちの、少しでもお役に立つようであれば嬉しいことです。

本書の刊行に当たっては、幻冬舎の皆さま、そして㈱アイ・ティ・コムの福島茂喜氏に誠にお世話になりました。深く御礼申し上げます。

二〇一四年　木々の紅葉の盛りに。

大越俊夫

JASRAC 出1416768−401

〈著者プロフィール〉
大越俊夫（おおごし・としお）
師友塾塾長、AIE学院長、師友塾高等学校理事長、AIE国際高等学校学院長。
1943年、広島県尾道市生まれ。関西学院大学大学院博士課程修了。ブリティッシュ・コロンビア大学留学を経て、75年、神戸市御影に不登校・中退生のための「リバースアカデミー師友塾」を設立。以降7000人を超える若者と向き合い、日々真剣勝負を続けている。80年、カリフォルニア・ルーテル大学英文科准教授。81～84年、同大学学長補佐。大学の協力を得て「AIE」（現本部シアトル）を創設。「師友塾」と連携させ、日本からの留学生の育成にも力を注ぐ。月刊誌「パーセー」主宰。『子どもが学校に行かなくなったら赤飯をたきなさい！』『6000人を一瞬で変えたひと言①②』『自分との対話』（以上サンマーク出版）、『自然に勉強する気になる子の育て方』（幻冬舎）、『その弱みこそ、あなたの強さである。』（PHP研究所）など著書多数。

悲しむ力
深く悲しまない人間は幸せになれない

2015年1月20日　第1刷発行

著　者　大越俊夫
発行人　見城 徹
編集人　福島広司

GENTOSHA

発行所　株式会社 幻冬舎
〒151-0051　東京都渋谷区千駄ヶ谷4-9-7
電話　03(5411)6211(編集)
03(5411)6222(営業)
振替00120-8-767643
印刷・製本所　株式会社 光邦

検印廃止

ISBN978-4-344-02718-3　C0095
幻冬舎ホームページアドレス　http://www.gentosha.co.jp/

この本に関するご意見・ご感想をメールでお寄せいただく場合は、
comment@gentosha.co.jpまで。